高等职业教育船舶与海洋工程装备类专业新形态教材

船舶柴油机装配与调试

主　编　李冬梅　蔡尚峰
副主编　吴海春　邵　光
参　编　刘　欢　佟铁柱
　　　　张永旭　闫华卓
主　审　王国锋

北京理工大学出版社
BEIJING INSTITUTE OF TECHNOLOGY PRESS

内 容 简 介

本书按照项目化教学要求，基于工作过程的理念，按照最新项目教学方案编制。考虑工作过程逻辑性对教材内容进行项目化构建和程序化设计，以完成船舶主机制造企业关键部件的制造、装配、台架试验和航行试验相关任务为教材主要内容，切实将教材变为"学材"。

本书内容由船舶柴油机概述、柴油机主要部件的制造、柴油机的装配、柴油机电喷系统认知、柴油机性能试验 5 个实训化项目 13 个任务组成。

本书是针对船舶动力工程技术专业编写的，还适用于船舶主机制造从业人员自学参考。

版权专有　侵权必究

图书在版编目（CIP）数据

船舶柴油机装配与调试 / 李冬梅，蔡尚峰主编 .-- 北京：北京理工大学出版社，2022.1（2022.2 重印）
ISBN 978-7-5763-0836-5

Ⅰ.①船… Ⅱ.①李… ②蔡… Ⅲ.①船用柴油机－装配(机械)－高等学校－教材②船用柴油机－调试方法－高等学校－教材 Ⅳ.① U664.121

中国版本图书馆 CIP 数据核字（2022）第 010910 号

出版发行 /	北京理工大学出版社有限责任公司
社　　址 /	北京市海淀区中关村南大街 5 号
邮　　编 /	100081
电　　话 /	（010）68914775（总编室）
	（010）82562903（教材售后服务热线）
	（010）68944723（其他图书服务热线）
网　　址 /	http://www.bitpress.com.cn
经　　销 /	全国各地新华书店
印　　刷 /	河北鑫彩博图印刷有限公司
开　　本 /	787 毫米 ×1092 毫米　1/16
印　　张 /	12.5
字　　数 /	292 千字
版　　次 /	2022 年 1 月第 1 版　2022 年 2 月第 2 次印刷
定　　价 /	39.00 元

责任编辑 / 阎少华
文案编辑 / 阎少华
责任校对 / 周瑞红
责任印制 / 边心超

图书出现印装质量问题，请拨打售后服务热线，本社负责调换

前　言

为了满足高等教育改革发展的需要，积极推行工学结合、校企合作、教学做一体化、实境教学等高校教学改革，编者结合目前船舶动力工程技术专业行业需求，依照船舶动力工程技术专业人才培养方案，采用模块化设计，根据生产岗位的需要与职业标准的要求，在紧密结合生产实际的基础上，与行业企业合作编写了本书。本书集理论与实践于一体，在编写过程中，形成了如下特色：

1. 教学内容按照行动领域项目化，取材于工作实际，由企业专家和来自企业的教学专家共同参与，体现校企合作、工学结合。

2. 知识结构按工作过程系统化，体现教学过程以学生行动为主体。

3. 理论性知识总量适度、够用，且反映新技术、新工艺。

4. 任务引领设计具体，可操作性强，能方便地按岗位工作实际设计教学情境。

本书是针对船舶动力工程技术专业编写的理论与实践教材，也适用于船舶主机制造从业人员自学参考。

本书准确分析对应课程的人才培养目标，以企业实际生产项目、典型工作任务、案例等为载体组织船用二冲程柴油机关键部件的制造、柴油机装配、柴油机性能试验等实际工作任务。本书内容由船舶柴油机概述、柴油机主要部件的制造、柴油机的装配、柴油机电喷系统认知、柴油机性能试验5个实训化项目13个任务组成。

本书由渤海船舶职业学院的李冬梅、蔡尚峰担任主编，吴海春、邵光任副主编，刘欢、佟铁柱、张永旭、闫华卓参与编写。具体编写分工为：李冬梅承担了全书的统稿工作；蔡尚峰编写了项目1、项目3及项目5中的任务5.2；吴海春编写了项目2；佟铁柱编写了项目4；刘欢编写了项目5中的任务5.1；邵光编写了项目5中的任务5.3；大连船用柴油机有限公司的张永旭和天津浩丰船舶服务有限公司闫华卓为本书提供了大量资料和宝贵意见。全书由浙江洲际之星船务公司王国锋轮机长主审。

由于编者水平有限，教材中难免出现疏漏及不足之处，敬请读者批评指正。

编　者

目 录 / Contents

01 项目 1　船舶柴油机概述　1

任务 1.1　船舶柴油机概述　2
1.1.1　船舶柴油机的发展　2
1.1.2　船用柴油机主要部件认知　3

02 项目 2　柴油机主要部件的制造　14

任务 2.1　气缸套的制造　15
2.1.1　气缸套的结构及选材　16
2.1.2　气缸套的加工工艺　17

任务 2.2　机座的制造　20
2.2.1　机座的结构及选材　21
2.2.2　机座的加工工艺　21

任务 2.3　活塞的制造　26
2.3.1　活塞的结构及选材　27
2.3.2　活塞的加工工艺　29

任务 2.4　连杆的制造　35
2.4.1　连杆的结构及选材　36
2.4.2　连杆、十字头的加工工艺　37

任务 2.5　曲轴的制造　43
2.5.1　曲轴的结构及选材　44
2.5.2　曲轴的加工工艺　46

03 项目 3　柴油机的装配　51

任务 3.1　机座总成安装　52
3.1.1　试验台布置　57

3.1.2	机座安装	57
3.1.3	曲轴预装及安装	62

任务 3.2　机架总成安装　78

3.2.1	机架预装	80
3.2.2	机架总成安装	82
3.2.3	连杆、十字头总成部装及安装	85

任务 3.3　缸体总成安装　93

3.3.1	缸体预装及安装	100
3.3.2	活塞总成预装及安装	103
3.3.3	缸盖、排气阀总成部装及安装	106

04　项目 4　柴油机电喷系统认知　122

任务 4.1　柴油机电喷系统认知　123

4.1.1	电喷系统的组成及功能	124
4.1.2	电喷系统的特点	127
4.1.3	MAN B&W 与 Wärtsilä 电喷系统的区别	129

05　项目 5　柴油机性能试验　139

任务 5.1　柴油机台架试验　140

5.1.1	功率燃油消耗试验	142
5.1.2	启动换向试验	145
5.1.3	负荷试验	146
5.1.4	调速器试验	147
5.1.5	最低空载稳定转速试验	147
5.1.6	倒车试验	151
5.1.7	安全保护试验	153

任务 5.2　柴油机系泊试验　154

5.2.1	投油清洗试验	156

    5.2.2　动力系统泵试验　　　　　　　　　　　158

    5.2.3　主机保护装置试验　　　　　　　　　　159

    5.2.4　主机报警装置试验　　　　　　　　　　161

    5.2.5　集控台主机报警点试验　　　　　　　　163

    5.2.6　主机和轴系系泊运转试验　　　　　　　164

任务 5.3　柴油机航行试验　　　　　　　　　　179

    5.3.1　柴油机启动试验　　　　　　　　　　　180

    5.3.2　柴油机最低稳定转速试验　　　　　　　180

    5.3.3　柴油机磨合试验　　　　　　　　　　　181

    5.3.4　柴油机运转试验　　　　　　　　　　　181

    5.3.5　柴油机耐久试验　　　　　　　　　　　184

    5.3.6　造水机的能力测量试验　　　　　　　　185

    5.3.7　废气经济器试验　　　　　　　　　　　186

    5.3.8　柴油机控制试验　　　　　　　　　　　187

    5.3.9　柴油机安全试验　　　　　　　　　　　188

    5.3.10　柴油机自动停车试验　　　　　　　　190

    5.3.11　柴油机遥控试验　　　　　　　　　　190

    5.3.12　柴油机控制位置转换试验　　　　　　190

    5.3.13　机旁进机操车试验　　　　　　　　　191

参考文献　　　　　　　　　　　　　　　　　　192

项目 1　船舶柴油机概述

【项目描述】

内燃机的出现和发明可以追溯到 1860 年，经过不断的发展与优化，内燃机以热效率高、结构简单、比质量小、移动方便等优点，被广泛地应用于交通运输（陆地、内河、海上和航空）、农业机械、工程机械以及为发电机提供动力等方面，给人们的日常生活提供了极大的便利。内燃机按照所用燃料分类，可以分为汽油机、柴油机、气体燃料发动机和其他替代燃料发动机等。其中，占据主导地位的仍然是汽油机和柴油机。汽油机由于体积小、重量轻、效率高，主要应用于汽车等小型交通运输工具；柴油机则由于功率大、热效率高，在其问世后不久便被广泛地应用到船舶运输业，并快速地推动了航运事业的发展。目前，在所有的内河及沿海中、小型船舶中，柴油机都作为主机和辅机；在远洋民用船舶及 2 000 t 以上的船舶中，以柴油机作为主机的船舶占船舶总数的 98% 以上，占总功率的 96% 以上。

【知识梳理】

通过本项目的学习，应完成以下学习目标：

一、知识目标
1. 了解柴油机的发展及现状；
2. 掌握二冲程柴油机的结构组成及特点；
3. 了解二冲程柴油机的排放现状及减排措施。

二、能力目标
1. 具有认知柴油机整体结构的能力；
2. 具有分析柴油机性能指标和工作参数的能力。

三、素质目标
1. 具有分析问题、解决问题的能力；
2. 具有沟通能力和团队协作精神；
3. 具有勇于创新、爱岗敬业的优秀品质；
4. 具有质量意识、安全意识和环境保护意识。

任务 1.1 船舶柴油机概述

● 【学习任务单】

学习领域	船舶柴油机装配与调试	参考学时
项目 1	船舶柴油机概述	4
任务 1.1	船舶柴油机概述	4
学习目标	1. 具有认知柴油机整体结构的能力； 2. 掌握二冲程柴油机的结构组成及特点； 3. 掌握常用柴油机的型号； 4. 了解目前在船舶上应用较多的 SCR、EGR 等排放控制技术。	

一、任务描述

柴油机自 1897 年问世以来，经过一个多世纪的发展，其技术已经取得很大的进步并更趋完善。柴油机由于热效率高、经济性好、启动容易、对各类船舶有很强的适应性，在船舶动力装置中占据着统治地位。目前，船用柴油机已是民用船舶、中小型舰艇和常规潜艇的主要动力。船用柴油机按其在船舶中的作用可分为主机和辅机。主机用作船舶的推进动力，辅机用来带动发电机、空气压缩机或各类泵等。

二、任务实施

1. 在教师指导下，组建小组，每组 10 人，并确定组长；

2. 按任务工单进行任务分解和资料学习，做好任务分工并进行记录；

3. 从结构、类型、参数和指标等方面对柴油机进行整体认知；

4. 小组经过讨论确定任务结果，每小组由中心发言人进行成果展示，经过全体同学讨论，确定正确结果；

5. 检查总结。

三、相关资源

教材、教学课件、图片、柴油机说明书、网络与图书馆资源、二冲程柴油机实训仿真软件。

四、教学要求

1. 认真进行课前预习，充分利用教学资源；

2. 充分发挥团队合作精神，正确完成工作任务；

3. 团队之间相互学习，相互借鉴，提高学习效率。

● 【背景知识】

1.1.1 船舶柴油机的发展

1. 柴油机的发展史

1776 年，瓦特发明蒸汽机；

1876 年，德国人奥托第一次提出四冲程循环原理，发明了电点火的四冲程煤气机；

1880 年，英国的 D.Clerk 和 J.Robson，以及德国人 K.Benz 等成功地开发了二冲程内燃机；

1892 年，德国工程师 Rudor Dierd 申请了压缩发火内燃机专利；

1897 年，在 MAN 公司制成第一台实际使用的柴油机（压燃式、空气喷射、定压燃烧），其效率因可采用较大的压缩比而比煤气机有显著提高；

1904 年，柴油机首次用于船舶推进装置（29.4 kW，260 r/min）；

1926 年，瑞士人 A. J. Bachi 设计了一台废气涡轮增压柴油机；

1927 年，在柴油机上正式使用了由 R.Bosch 发明的喷油泵（回油孔式）–喷油器喷射系统，代替了原需用 7 MPa 压缩空气喷油的空气喷射系统，实现了混合燃烧。

2．柴油机发展的重大阶段

从非增压到废气涡轮增压——1926 年瑞士人 A.J.Bachi 设计了一台废气涡轮增压柴油机（重要的里程碑，第一次飞跃）；

从空气喷射到压缩喷射——1927 年 R. Bosch 发明喷油泵（回油孔式）–喷油器喷射系统；

从四冲程柴油机到二冲程柴油机——单缸功率、大功率；

劣质燃油在柴油机中的成功应用——提高经济性（第二次飞跃）；

控制技术的成功应用——全电子控制的智能型柴油机（2000年，瓦锡兰公司的RT-Flex系列和 MAN B&W 的 ME 系列柴油机）。

3．船舶柴油机的发展方向

（1）经济性。提高经济性的研究，包括燃烧、增压、低摩擦、低磨损等的研究。

（2）可靠性。提高可靠性和全寿命经济性。

（3）电子技术。电子技术在柴油机中的运用。

（4）监控。自动遥测监控系统。

（5）研发技术。柴油机的研发采用虚拟技术。

（6）排放控制。代用清洁燃料研究和低排放技术的实施。

1.1.2 船用柴油机主要部件认知

1．二冲程柴油机的结构认知

对船用主机来讲，经济性、可靠性和使用寿命是第一位的，重量和尺寸是第二位的。大型低速二冲程柴油机由于效率高、功率大、工作可靠、寿命长、可燃用劣质燃油以及转速低等优点适于大型海船主机。

（1）结构参数。

缸径：300~980 mm；

转速：70~195 r/min；

活塞平均速度：8~9 m/s；

平均有效压力：1.7~2.1 MPa；

气缸最大爆发压力：18~21 MPa；

单缸功率：640~6 870 kW；

燃油消耗率：160~170 g/(kW·h)。

（2）二冲程柴油机的基本组成。当前，二冲程柴油机有筒形活塞式和十字头式两种，两者的固定部件基本相同，主要运动部件略有差异。目前在船舶上，高、中速柴油机常采用筒形活塞式，大型低速机则采用十字头式。十字头式柴油机的基本组成如图 1-1-1 所示。

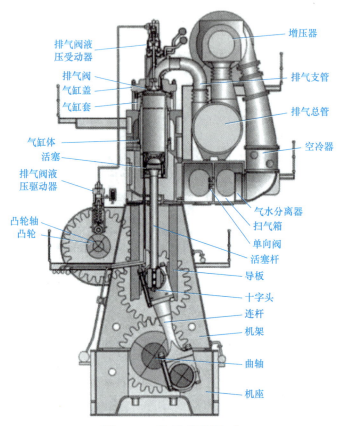

图 1-1-1 柴油机的基本组成

1）固定部件。固定部件是构成柴油机本体和运动件的支承，和有关运动部件配合构成柴油机的工作空间，主要有缸盖、缸套、机架、机座、主轴承等。

2）运动部件。运动部件主要有活塞、活塞杆、十字头、连杆、曲轴等，运动部件与固定部件配合完成空气压缩及热能到机械能的转换。低速二冲程柴油机的活塞下部设有活塞杆，活塞杆分别与活塞和十字头紧固在一起。连杆小端与十字头销铰连，连杆大端与曲轴的曲柄销相连。在气缸下部设横隔板将气缸与曲轴箱隔开，横隔板可防止燃烧产物落入曲轴箱而污染滑油。当柴油机工作时，十字头的滑块在导板上滑动，侧推力由滑块和导板承受，活塞不起导向作用，活塞与缸套之间没有侧推力。

2．船用柴油机的主要部件

机座位于柴油机的下部，是所有机件安装的基础，柴油机靠它安装到船体的基座上。机座既是主轴承及曲轴安装的依据，又是曲轴箱下半空间及润滑油回流汇集空间，如图 1-1-2 所示。

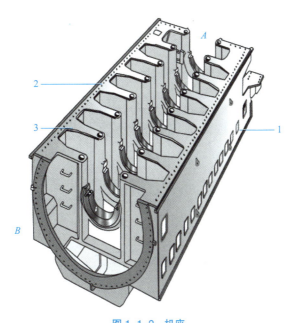

图 1-1-2 机座

1,2—纵梁；3—横梁；4—机座；A—功率输出端；B—自由端

机架是柴油机的支架，它是柴油机机身的一部分，与机座形成的曲轴箱空间是柴油机运动件的运动空间。机架内部安装导板、凸轮轴等，外侧还装有扫气箱和高压油泵等机件设备。目前 MAN B&W 公司的 MC 系列柴油机和 Wärtsilä 瑞士公司的 SULZER RTA 系列柴油机都采用箱形机架，如图 1-1-3 所示。

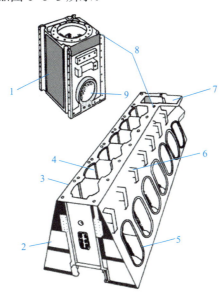

图 1-1-3 机架

1—气缸体；2—机架；3—开槽管安装位置；4—导板安装位置；5—道门口；6—凸轮轴安装位置；
7—链传动装置；8—贯穿螺孔；9—手摇泵接口

气缸套是构成燃烧室工作循环空间的机件之一。在大功率船用柴油机中，气缸套、活塞组成"滑阀"，起配气作用，如图 1-1-4 所示。

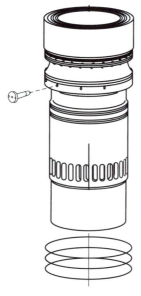

图 1-1-4 气缸套

气缸体是用于安装固定气缸套的，上部圆孔为缸套安装空间，顶面设置缸盖螺栓，箱体外侧有检修道门，如图 1-1-5 所示。

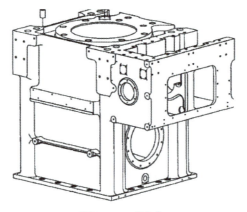

图 1-1-5 气缸体

气缸盖是柴油机中结构最复杂的零部件之一。气缸盖除了封闭气缸工作空间和组成燃烧室外，还被用来安装喷油器、排气阀、启动阀、示功阀和安全阀等；其内部还设有排气通道和冷却水腔；在采用分隔式燃烧室时，还需设置副燃烧室。气缸盖总成如图 1-1-6 所示。

活塞的主要功能是与气缸套和气缸盖共同组成封闭的燃烧室空间，它承受气缸内气体的机械应力和热应力，并将其传递给连杆。在二冲程柴油机中，活塞还承担着开启、关闭气口的作用。十字头式活塞主要由活塞头、活塞裙、活塞杆、承磨环、活塞环和冷却装置组成，如图 1-1-7 所示，活塞头如图 1-1-8 所示。

图 1-1-6 气缸盖总成

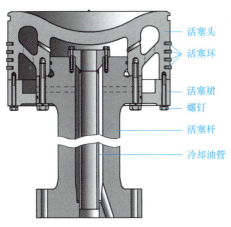

图 1-1-7 活塞

图 1-1-8 活塞头

低速大型柴油机大多采用十字头式连杆，它主要由连杆本体、小端轴承、大端轴承、连杆螺栓、调整垫片等组成。连杆轴承大多采用轴瓦结构，这样可以选用高强度承磨合金，提高承压强度，而且磨损后修理及更换也较为方便。连杆如图 1-1-9 所示。

图 1-1-9 连杆

十字头一般由 45 号锻钢制成。十字头中部被设计成一个轴颈，该轴颈处安装十字头轴承，如图 1-1-10 所示，滑块与两端轴颈的配合为滑动配合。

图 1-1-10 十字头

二冲程十字头式柴油机的连杆上端连接十字头,下端连接曲柄销。它将活塞和十字头与曲轴连接起来,并把作用在活塞上的气体力和惯性力传给曲轴,将活塞的往复运动变成曲轴的回转运动,如图1-1-11所示。

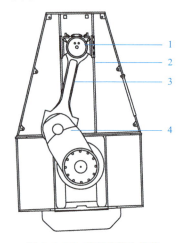

图1-1-11 连杆十字头总成
1—十字头;2—导板;3—连杆;4—曲轴

曲轴是柴油机最重要的零部件之一。曲轴主要由主轴颈、曲柄销、曲柄臂和平衡重等组成。曲轴形状结构较复杂,如图1-1-12所示。

图1-1-12 曲轴

3. 船舶柴油机的特点

船舶二冲程低速柴油机由于性能优良、可靠性好、使用维护方便、能燃用劣质燃油等优点,已成为大型油轮、大型散货船、大型集装箱货轮的主要动力。最新型低速柴油机在许多方面趋于一致。

结构方面:采用非冷却式喷油器可变喷油定时油泵、长尺寸连杆、液压驱动式排气阀、单气阀直流扫气、定压增压高效涡轮增压器。

性能方面:平均有效压力不断提高,增加活塞平均速度,改进零部件结构,增加强度,具有较低燃油消耗水平,使单缸功率不断增大,使用寿命延长。

电子液压控制:可以满足国际海事组织MARPOL条约Tier Ⅱ和Tier Ⅲ的要求。使用的燃料除柴油外,还可以根据实际需要,设计成双燃料主机,可以使用压缩天然气(CNG)、液化天然气(LNG)、液化石油气(LPG)等燃料。

4. 柴油机的型号

（1）我国船用柴油机型号。

1）中小型柴油机：如8E350ZDC柴油机，其型号说明如图1-1-13所示。

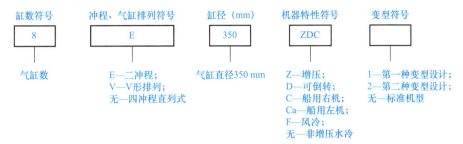

图1-1-13　8E350ZDC柴油机型号

2）大型低速机：如12VESDZ30/55B柴油机，其型号说明如图1-1-14所示。

图1-1-14　12VESDZ30/55B柴油机型号

（2）常见国外机型型号。关于柴油机的型号表示，国际上没有统一标准，通常由若干字母和数字组成，但各国柴油机制造厂有自己的规定和说明。

1）瑞士SULZER船用低速柴油机。瑞士SULZER公司生产的船用低速柴油机有RD、RND、RMD–M、RLB、RTA、RTA-M系列产品，如6RTA84M柴油机，其型号说明如图1-1-15所示。

图1-1-15　6RTA84M柴油机型号

2）德国MAN船用低速柴油机。德国MAN公司生产的船用低速柴油机系列有KZ、KSZ-A、KSZ-B等系列产品，如KSZ90/160B柴油机。

3）丹麦B&W船用低速柴油机。丹麦B＆W公司生产的低速船用柴油机有VTBF、VT2BF、K-EF、KFF、KGF、L-GF、S–MC、S–MCE、G–MEC、G–MEB等系列产品，如S35MCE柴油机。

9

● 【拓展知识】

在国际航运业发展日益迅猛的今天,资源短缺与节能减排的呼声持续高涨,由内燃机带来的能源危机与环境污染问题也日益加剧,成为目前亟待解决的问题。

1. 船用低速柴油机的排放现状

(1) 能源危机与环境问题。随着全球船舶保有量的激增,石油的供需矛盾日益加剧。在我国的石油消耗中,除了一部分用作化工原料外,交通运输所需的石油量约占石油总需求量的50%。在经济快速发展的今天,石油资源短缺已经成为制约国家发展的严重瓶颈。在全球范围内,有96%以上的船舶采用柴油机作为动力,燃料燃烧后向环境排放的大量有害气体造成的大气污染也更加严重。其中,船舶柴油机NO_x的排放量占世界NO_x总排量的7%,在船舶活动频繁的地区情况更为严重,污染物的局部浓度往往比周围地区的平均浓度高一个或几个数量级。在挪威和瑞典,由于船舶活动引起的NO_x污染占国内总污染量的40%~50%。船舶废气排放引起的环境污染问题受到人们的普遍关注,国内外在努力降低排放污染的同时,寻找清洁替代能源的力度也在日益加强。

内燃机使用的燃料中含有极其微量的杂质,如果不将这些杂质考虑在内,那么,燃料完全燃烧后将只产生二氧化碳(CO_2)和水(H_2O)。但实际上,内燃机内部所发生的燃烧过程占用的时间非常短,燃料与助燃空气不可能混合得完全均匀,故在内燃机中燃料不可能完全燃烧,排气中一定会有不完全燃烧产物出现。如在高温缺氧的条件下产生的一氧化碳(CO);在温度较低、混合气浓度过稀时产生的碳氢化合物CH_x;在高温高压缺氧的环境下生成的碳烟粒子,这些碳烟粒子通过吸附重质碳氢化合物和其他凝聚相物质,最终形成颗粒物(PM)。另外,空气中的氮在高温富氧的条件下容易被氧化成氮氧化物(NO_x),燃料中的微量硫元素与氧气发生燃烧反应后会形成硫氧化物(SO_x)。

以上排放物不仅对人类的健康构成了威胁,同时也造成了严重的环境污染。据统计,60%~70%的烟雾和50%以上的酸雨均源自交通运输业。臭氧层空洞、温室效应、大气污染等问题正逐步地威胁着人类的自身安全。

(2) 船用低速柴油机的排放标准。

1) 船舶发动机氮氧化物排放限值。国际海事组织(IMO)的统计表明,在全球范围内,以柴油机为动力的船舶向大气排放的NO_x约为1 000万吨/年,SO_x约为850万吨/年。由于70%以上的船舶的行驶范围均在距离海岸线400 km以内,船舶造成的大气污染已经到了不容忽视的地步,特别是在港口、海峡和一些航线密集、船舶流量大的海区,船舶排放的废气甚至已经成为该区域的主要污染源。另外,被污染的海洋大气可以飘散到距污染源1 000 km以外的地区,这将对全球环境造成严重的影响。

鉴于环境保护意识的日益增强和环境污染问题的加剧,为了对船舶大量排放有害物质加以限制,国际海事组织(IMO)于1997年召开会议,通过了《MARPOL73/78公约》议定书的修正案,该修正案针对不同种类的污染物制定了允许排放的极限值,用以限制船舶的排放污染。该议定书新增了附则Ⅵ——防止船舶造成空气污染规则,规则第3章条例13规定了船舶发动机氮氧化物(NO_x)排放量的最高限值。该条例对船用发动机尾气中的NO_x的排量做了明确地规定,见表1-1-1。

表 1-1-1 NO$_x$ 的排放限值

额定转速 $n/(r \cdot min^{-1})$	$n<130$	$130 \leqslant n \leqslant 2\,000$	$n>2\,000$
Tier I /[g·(kW·h)$^{-1}$]	17.0	$45 \times n^{-0.2}$	9.84
Tier II /[g·(kW·h)$^{-1}$]	14.36	$44 \times n^{-0.23}$	7.66
Tier III /[g·(kW·h)$^{-1}$]（非 ECA）	14.36	$44 \times n^{-0.23}$	7.66
Tier III /[g·(kW·h)$^{-1}$]（ECA）	3.40	$9 \times n^{-0.2}$	1.97

《MARPOL73/78 公约》附则Ⅵ已经于 2005 年 5 月 19 日生效，规定新造船舶的发动机必须在装船之前进行 NO$_x$ 的排放检验，NO$_x$ 排放限制示意图如图 1-1-16 所示。2006 年 8 月 23 日，《MARPOL73/78 公约》附则Ⅵ在我国正式生效，它预示着今后我国对船用发动机的排放限制必将越来越严格，对船用发动机的废气控制也必然被提到议事日程上来。由此可知，船用发动机的实船排放测试势在必行，必将受到更为广泛的关注。

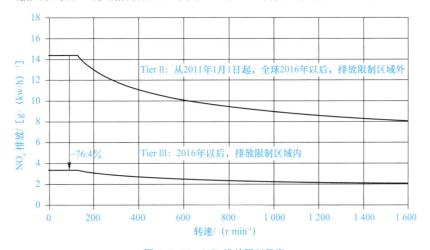

图 1-1-16 NO$_x$ 排放限制示意

2）船舶发动机硫氧化物排放限值。对于硫氧化物的排放控制，不同区域对应不同的要求，每种要求又按照时间的先后分成 3 个不同的等级。

在 2010 年 1 月 1 日以前，当船舶在"硫排放控制区"（SECA）内行驶时，所使用的燃油硫含量必须低于 1.5%，或者通过废气处理，使硫氧化物的排放量降低到 6.0 g/(kW·h) 以下。从 2010 年 1 月 1 日起，燃油含硫量的标准将减小到 1.00%，到 2015 年 1 月 1 日，含硫量将进一步减小到 0.10%。

在"硫排放控制区"以外的区域，法规规定：2012 年 1 月 1 日以前，所有燃油的含硫量不得超过 4.5%，从 2012 年 1 月 1 日起，燃油的含硫量最高值为 3.5%，到 2020 年 1 月 1 日进一步减小到 0.5%。

由于发动机排放出的硫氧化物绝大多数源于燃料中的硫，所以对机内硫氧化物的控制，只需要限制燃油的硫含量即可。这可以通过使用符合要求的低硫燃油实现，或在船上将低硫燃油与常用燃油混合，使混合后的燃油的硫含量达到要求。

2. 发动机减排技术

近年来，国际海事组织越来越关注发动机有害气体的排放问题，针对船用发动机的排放所制定的限制法规也越来越严格。为了有效地控制发动机的 NO_x 排量，目前常用的技术主要有选择性催化还原（SCR）、废气再循环（EGR）以及天然气液化（LNG）等。

(1) SCR 技术。选择性催化还原技术（SCR）是英文"Selective Catalytic Reduction"的缩写，是针对柴油机尾气排放中 NO_x 的一项处理工艺。其原理是在含有氮氧化物（NO_x）的尾气中喷入氨气、尿素或者其他含氮化合物，即在催化剂的作用下，把尾气中的 NO_x 还原成 N_2 和 H_2O。SCR 凭借着成熟的技术、较高的 NO_x 转化率，已经在一些汽车、船舶上进行了应用，并取得了不错的效果，如世界著名的柴油机制造公司 MAN B&W 和 Wärtsilä 等都已对其进行了开发应用。

目前，船用二冲程柴油机选择性催化还原（SCR）技术在国外已被应用于实船上，取得了一定的研究成果，但国内对 SCR 的研究工作尚处于初期。由于二冲程船用柴油机应用 SCR 系统受排气温度、排气中 SO_x 量以及机舱布置尺寸限制等因素影响较大的特殊性，加之越来越严格的排放法规，因此开发具有自主知识产权的 SCR 系统还面临着很多困难。

(2) EGR 技术。EGR 是英文"Exhaust Gas Re-circulation"的缩写，即废气再循环的简称。废气再循环是指把发动机排出的部分废气回送到进气支管，并与新鲜混合气一起再次进入气缸。由于废气中含有大量的 CO_2 等多原子气体，而 CO_2 等气体不能燃烧且比热容高而吸收大量的热，使气缸中混合气的最高燃烧温度降低，从而减少了 NO_x 的生成量。

EGR 系统对柴油机的结构改动小、安装费用低，比较而言更具开发潜力，目前受到普遍的关注，越来越多的国家和公司开始对其进行研究和开发。

EGR 技术在柴油机上的总体应用不如汽油机那样广泛成熟，尤其是在重型柴油机上，这是因为目前所烧的柴油品质较差，所含的杂质较多，废气中硫化物造成的污染问题很难解决。当前研究的热点是如何在精确控制 EGR 循环率的基础上，实现 EGR 系统与柴油机其他系统的联合应用。目前，在一些机型上，已设计并添加了 EGR 系统，甚至已经推出了拥有自主知识产权的电控 EGR 阀。

(3) 天然气液化技术（LNG）。目前，在发动机上最常见的替代燃料是甲醇、乙醇、天然气和液化石油气。从整体来看，在所有的碳氢燃料中，天然气分子的含氢量最高，释放出相同的能量时产生的 CO_2 最少。因此，作为最清洁的化石燃料，天然气以节能、环保等优势受到世界各国的青睐，近年来被广泛地应用到运输行业。

天然气的存储方式有两种：一种是直接将其压缩至压力为 20~30 MPa 的特制容器，称为压缩天然气（CNG）。CNG 的体积约为标态下相同质量天然气体积的 1/200，在使用时需要减压器减压后再供给发动机。另一种是在船上应用较多的液化天然气（LNG），它采用低压或略高于常压和低温（−162℃左右）液化存储，存储要求高，相应的成本也高。LNG 的体积约为标态下相同质量天然气体积的 1/600，即相同质量的 LNG 体积仅为 CNG 体积的 1/3。

随着近几年国内 LNG 技术的发展，LNG 的供应量逐渐满足需要，大中型的天然气/柴油双燃料机动船都可以采用 LNG 作为替代燃料。因此，从长远来看，LNG 作为船舶发动机的替代燃料将具有更加广阔的前景。随着各国供给基础设施的不断建设和完善，大力发展 LNG 发动机将是我国天然气发动机未来发展的新方向。

● 【任务考核表】

评价模块	评价内容	评价等级	综合评价
自我评价（20%）	通过本次任务学习，我学到的知识点和技能点有 _____		
	不理解的有_____		
	我认为在以下方面还需要深化学习，并提升岗位能力：_____		
组内互评（30%）	按时上课，工装齐备，书、笔齐全		
	安全操作，责任心强，6S管理规范		
	学习积极主动，合理使用教学资源，主动帮助他人		
	接受工作分配，有效沟通，高效完成工作任务		
教师评价（50%）	评语：		

02　项目2　柴油机主要部件的制造

【项目描述】

　　船用柴油机在制造时，从原料到制成品的全部劳动过程称为生产过程。其中包括原材料的运输、保管和生产准备、毛坯制造、零件的机械加工和热处理、部件的装配和机器的总装、产品的检验和试车、产品的油漆和包装等。目前，一台船用柴油机的生产过程，并不是由一个工厂单独完成的，而是由许多个专业厂分别生产机座、活塞、气缸套、曲轴、连杆以及仪表等零部件，通过分工协作完成的。这样做不仅有利于专业化生产，还可以提高生产质量和劳动生产率，降低生产成本。在柴油机制造的整个生产过程中，工艺过程是其中最主要的一部分，它是改变生产对象的形状、尺寸、相对位置和性质等，使其成为成品或半成品的过程，如铸造、锻造、热处理、机械加工和装配工艺过程等。采用机械加工的方法，直接改变毛坯的形状、尺寸和表面质量等，使其成为零件的全过程称为机械加工工艺过程。本项目主要介绍制造柴油机主要部件的工艺过程，尤其是机械加工工艺过程。

【知识梳理】

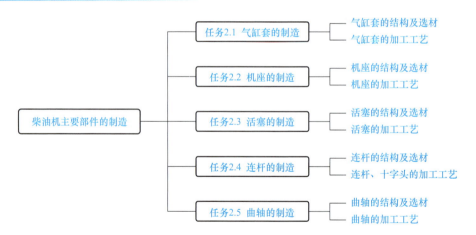

通过本项目的学习，学生应该完成下列学习目标：

一、知识目标

1. 了解柴油机主要部件的结构特点、机械加工基准的选择；
2. 熟悉柴油机主要部件的制造材料、毛坯的制造方法；
3. 掌握柴油机主要部件加工的工艺特点、工艺过程和工艺设计方法。

二、能力目标

1. 能够进行气缸套加工工艺设计；
2. 能够进行机座加工工艺设计；

3. 能够进行活塞加工工艺设计；
4. 能够进行连杆加工工艺设计；
5. 能够进行曲轴加工工艺设计。

三、素质目标

1. 具有规范操作、安全操作、节约成本的意识；
2. 具有爱岗敬业、团结协作、精益求精的优秀品质；
3. 具有对新技能与知识的学习能力及解决问题的能力。

任务 2.1　气缸套的制造

●【学习任务单】

学习领域	船舶柴油机装配与调试	参考学时
项目 2	柴油机主要部件的制造	20
任务 2.1	气缸套的制造	4
学习目标	1. 了解气缸套的结构特点、机械加工基准的选择； 2. 熟悉气缸套的制造材料、毛坯的制造方式； 3. 掌握气缸套加工的工艺特点、工艺过程； 4. 能够进行气缸套加工工艺设计。	

一、任务描述

气缸套与气缸盖、活塞形成封闭的燃烧室空间，并对活塞运动起导向作用。柴油机工作时，气缸套内壁受到燃气的高温、高压和腐蚀的作用，缸套外壁则受冷却水的腐蚀和穴蚀等作用，有时还会受活塞运动产生的摩擦力、气缸盖安装预紧力和敲击等作用。所以，气缸套必须具有足够的强度和刚度、良好的耐磨性和抗腐蚀性能等能力。气缸套作为柴油机的核心部件，其制造质量直接影响柴油机动力和使用寿命。

二、任务实施

1. 在教师指导下，组建小组，每组 10 人，并确定组长；
2. 按任务工单进行任务分解和资料学习，做好任务分工并进行记录；
3. 了解二冲程柴油机气缸套的结构特点、加工工艺流程，能够对气缸套进行正确地加工工艺设计；
4. 小组经过讨论确定任务结果，每小组由中心发言人进行成果展示，经过全体同学讨论，确定正确结果；
5. 检查总结。

三、相关资源

教材、教学课件、图片、柴油机说明书、网络与图书馆资源、二冲程柴油机实训仿真软件。

四、教学要求

1. 认真进行课前预习，充分利用教学资源；
2. 充分发挥团队合作精神，正确完成工作任务；
3. 团队之间相互学习，相互借鉴，提高学习效率。

● 【背景知识】

2.1.1　气缸套的结构及选材

1. 气缸套结构的特点

气缸套通常分为干式、湿式和整体式（机体与气缸套合为一体）3 种。干式气缸套轻而壁薄，一般为动配合或过渡配合装入机体，其外表面不与冷却水接触，故无冷却水的密封问题和穴蚀现象，但散热效果较差，壁薄增加制造难度，强化或较大的柴油机上较少采用干式气缸套。湿式气缸套外表面与冷却水接触，冷却和散热效果较好，装拆方便，互换性好，故广为应用，但易产生冷却水泄漏问题和穴蚀现象。整体式气缸套由于和机体连成一体，刚度和强度高于干式、湿式气缸套，无冷却水泄漏问题和穴蚀现象，但铸造复杂，修理或更换不便，一般仅用于中、小型高速柴油机。气缸套典型结构如图 2-1-1 所示。

大功率中、低速柴油机由于缸径大，热负荷高，气缸套应充分冷却。目前，倾向增大上部支承肩厚度与宽度设计，在其上钻冷却水孔，以降低壁温和热应力，提高其刚度，避免拧紧气缸盖螺栓及柴油机运转时发生变形和破裂现象。

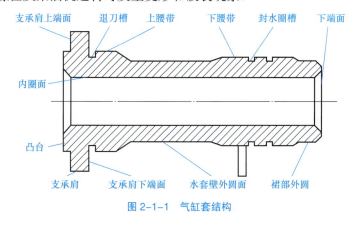

图 2-1-1　气缸套结构

2. 气缸套材料和毛坯

目前，中小型高速柴油机的气缸套材料以耐磨性为主，多数采用球墨铸铁、高磷铸铁、合金铸铁及含硼铸铁等。船用大中型柴油机因用油原因，气缸套磨损以酸性腐蚀为主，故多采用钒钛铸铁和磷钒铸铁，或镀铬、氮化气缸套。一般来说，为使气缸套与活塞环之间的摩擦副磨损最小，气缸套材料硬度应比活塞环材料硬度稍低 HB 20~30，以延长柴油机使用寿命。

气缸套毛坯铸造大致有 3 种方式：垂直上注式浇铸、高速离心铸造和低压铸造。离心铸造和低压铸造由于有离心力和压力作用，通常可以获得较好的铸造质量，现今成批生产时，大多采用上述两种方式。通常气缸套的铸件为完整的圆筒形。有些二冲程柴油机，由于气口附近壁厚较大，为防止产生内部疏松，可将气口铸出，但这也会增加铸造的难度。气缸套铸件不允许有铸造裂纹、夹渣、砂眼、气孔、疏松等缺陷，并且不得用焊补工艺修复。

【任务实施】

2.1.2 气缸套的加工工艺

1. 气缸套的机械加工工艺特点

气缸套是薄壁零件，刚性差。因此，加工时除了要防止产生尺寸超差、表面粗糙度太大和磨削烧伤等一般性质量问题外，还应该注意防止工件的变形和内外圆表面相互位置精度超差。一般采用轴向夹紧的夹具，以减少夹紧变形。为了减少切削力与切削热的影响，粗、精加工应分开进行。气缸套在精加工之前一般要进行时效处理，以消除内应力，减小其变形。在精加工阶段，为防止变形，各工序的加工余量不可过大。

气缸套的主要加工表面为孔和外圆表面。气缸套的加工通常从粗镗内孔开始，以便及时发现铸造缺陷（如缩孔、疏松、砂眼等）并予以报废。但若毛坯质量好，为获得粗镗孔的定位基准，可先加工毛坯外圆，然后粗镗内孔。加工时，内外圆互为基准，以保证内外圆的同轴度。

外圆表面根据精度要求可选择车削和磨削。孔加工以镗削为主，通常为粗镗、半精镗、精镗及珩磨4道工序，最后工序一般以珩磨结束。珩磨可使气缸套内孔具有较高的尺寸精度，加工后，表面可具有网状纹路，便于存储润滑油，改善气缸套与活塞环之间的摩擦状态。而大尺寸气缸套用振动镗削波纹加工作为最后工序，加工后气缸套内孔表面具有高低不平的波纹沟槽。这样，在磨合过程中，气缸套和活塞环的接触面积减小，在比较短时间内即可有效地完成气缸套的磨合。此外，波纹还起着油池的作用，能提高气缸套保持润滑的能力。

2. 气缸套加工工艺过程

表2-1-1为某厂生产的柴油机气缸套机械加工工艺过程。其缸径为300 mm，生产批量为中批。

表2-1-1 柴油机气缸套机械加工工艺过程

工序号	工序主要内容	设备	定位基准
10	离心浇铸毛坯	离心浇铸机	
20	检验：毛坯尺寸，抗拉强度		
30	车：切试验环，车粗镗孔定位面	C630车床	内孔，端面
40	检验：硬度，金相组织		
50	镗：粗镗内孔	专用镗床	外圆，端面
60	车：粗车外圆	C630车床	内孔，端面
70	热处理：时效，缸套运转时禁止碰撞		
80	车：半精车外圆	C630车床	内孔，端面
90	水压试验		
100	镗：精镗内孔	专用镗床	外圆，端面
110	车：车粗珩孔定位尺寸，非定位面尺寸	C630车床	内孔，端面

续表

工序号	工序主要内容	设备	定位基准
120	珩：粗珩内孔	珩磨机	大头外圆及端面
130	车：精车外圆，切密封槽，倒角	C630车床	内孔
140	车：平大头端面，车端面槽，掉头取总长，倒角	C630车床	内孔，端面
150	珩：精珩内孔	珩磨机	大头外圆及端面
160	铣：画缸套中心线，铣气门	镗床	专用工装夹具
170	钻：钻攻大小头销孔，攻丝	钻床	专用工装夹具
180	氮化		
190	珩：抛光	珩磨机	大头外圆及端面
200	检：按图纸要求全面检验		

● 【拓展知识】

1. 气缸套机械加工定位基准的选择

安装凸肩面与内孔的同轴度以及凸肩支承面与孔垂直度均有较高的要求。为保证这些要求，选孔为统一的精基准加工各段外圆和支承肩面，在精车气缸套各凸肩面（外圆）及支承肩面（平面）时，以内孔定位装夹一次性加工完成，以减少装夹误差；气缸套凸肩面轴线长度应以支承肩面为轴向定位基准，以便使工序基准、安装基准、设计基准三者重合，减小加工误差，提高零件加工质量，也便于气缸套的安装。为了保证最终加工余量均匀，中间工序还应以内孔和外圆互为基准进行加工。

2. 气缸套的检验

一般气缸套的检验项目包括外观质量、机械性能、金相组织、硬度、表面粗糙度、几何尺寸、形状位置误差、液压试验、产品图样和技术文件规定的其他项目等。

气缸套外圆可用外径千分尺测量检验。气缸套内孔尺寸、圆度、圆柱度可用内径量杆百分表测量。长度可用游标卡尺、钢皮尺测量。

气缸套外圆凸肩面与内孔的同轴度可用如图2-1-2所示的气缸套同轴度测量装置测量。此测量装置由两个V形支架组成，支架上装有轴承（可用C级轴承提高测量精度），支架底下装有螺栓用来调整支架的水平精度。

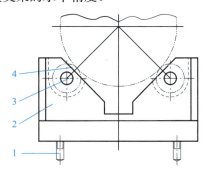

图2-1-2 气缸套同轴度测量装置

1—螺栓；2—V形支架；3—轴承中心；4—轴承

以图 2-1-1 所示气缸套为例，测量时，将气缸套两支承凸肩面放在两个支架轴承上，通过调整 V 形支架将气缸套调整为水平，将百分表测量头压在气缸套内孔表面，转动气缸套一周，百分表的最大读数即为气缸套外圆支承凸肩面对内孔的同轴度。

气缸套内径尺寸、形状误差测量，应在上、中、下 3 个截面上进行，上、下两个截面应选在第一道活塞环行程的上、下极限位置。

气缸套致密性液压试验可分为两个环节，在切气口和内孔表面光整加工之前进行。首先是在距气缸套上部凸肩 1/3 长度范围内，用 $1.5P_z$ 高压进行试验（P_z 为最大爆发压力）。第二个环节是在气缸套全程范围内做 0.7 MPa 液压试验，历时 5 min，应无渗漏、浸润现象。

气缸套的可靠性和使用寿命，与结构设计、材料工艺和装配使用条件等都有密切的关系。在保证气缸套有足够的强度、良好的耐磨性和抗腐蚀性的同时，还要根据具体情况，考虑工艺可行性、加工成本、生产效率等问题，以生产出价低物美的合格产品。

● 【任务考核表】

评价模块	评价内容	评价等级	综合评价
自我评价（20%）	通过本次任务学习，我学到的知识点和技能点有 _____		
	不理解的有 _____		
	我认为在以下方面还需要深化学习，并提升岗位能力：_____		
组内互评（30%）	按时上课，工装齐备，书、笔齐全		
	安全操作，责任心强，6S 管理规范		
	学习积极主动，合理使用教学资源，主动帮助他人		
	接受工作分配，有效沟通，高效完成工作任务		
教师评价（50%）	评语：		

任务 2.2　机座的制造

●【学习任务单】

学习领域	船舶柴油机装配与调试	参考学时
项目 2	柴油机主要部件的制造	20
任务 2.2	机座的制造	4
学习目标	1. 了解机座的结构特点、机械加工基准的选择； 2. 熟悉机座的制造材料、毛坯的制造方法； 3. 掌握大型低速柴油机机座加工工艺； 4. 能够进行机座加工工艺设计。	

一、任务描述

机座是柴油机的主要固定件之一，是柴油机的基础，它将柴油机的零件、组件、部件连接为一个整体。机座又是一个装配基准件，所以其制造质量对整台柴油机质量有直接影响。

二、任务实施

1. 在教师指导下，组建小组，每组 10 人，并确定组长；

2. 按任务工单进行任务分解和资料学习，做好任务分工并进行记录；

3. 了解二冲程柴油机机座的结构特点、加工工艺流程，能够对机座进行正确地加工工艺设计；

4. 小组经过讨论确定任务结果，每小组由中心发言人进行成果展示，经过全体同学讨论，确定正确结果；

5. 检查总结。

三、相关资源

教材、教学课件、图片、柴油机说明书、网络与图书馆资源、二冲程柴油机实训仿真软件。

四、教学要求

1. 认真进行课前预习，充分利用教学资源；

2. 充分发挥团队合作精神，正确完成工作任务；

3. 团队之间相互学习，相互借鉴，提高学习效率。

● 【背景知识】

2.2.1 机座的结构及选材

1. 机座结构的特点

机座零件如图 2-2-1 所示,其结构复杂,外形尺寸和质量较大,壁较薄且不均匀,受力情况复杂,技术要求较高,其断续平面和孔加工较多,工件在吊装和加工过程中容易变形。同时,机座的主要加工面(主轴承座孔,上、下平面)的加工要求又较高。在制定工艺规程时必须充分注意这些特点,采取各种工艺措施,如分成粗、精加工阶段和中间热处理阶段等,保证达到规定的加工精度。

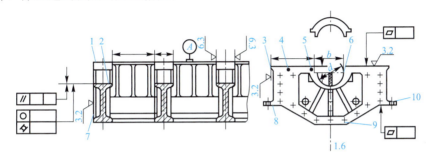

图 2-2-1 机座零件

1—上平面;2—轴承座;3—侧边缘;4、5—机体和轴承座固定孔;6—轴承开档平面;7—端面;
8—下平面;9、10—端面和支持底面上的孔

2. 机座的材料和毛坯

中速大功率及大型低速柴油机的机座材料常选用 ZG15 或 ZG25 与 20 号钢板焊接,各轴承座采用毛坯 ZG15 或 ZG25,毛坯为铸钢件,经加工后再与 20 号钢板制成的零件焊接成机座,所以机座毛坯为焊接件。

为确保加工质量,必须从制坯开始。毛坯余量应适当,毛刺不要过大。冷、热加工的定位基准应统一,避免加工时余量不均匀。铸件落砂后要彻底清整,并进行水套的初次水压试验和时效处理。为了加工方便,在铸造车间可将机体侧面的工艺凸台预先铣出,然后转入机械加工车间。焊接件毛坯组焊后应进行时效处理,以消除内应力。

● 【任务实施】

2.2.2 机座的加工工艺

1. 机座加工方法的选择

机座上各种表面的加工方法,应根据生产实际情况决定。对于生产批量较大的平面加工,在选择加工方法和设备时,不仅要考虑满足加工技术要求,还要考虑生产率的提高,可使用龙门铣床进行铣削加工。在单件小批生产时,多采用龙门刨床进行刨削加工。因为在这种情况下,刨刀结构比铣刀结构简单,调整方便,机床通用性好的优点突出。

机座上为数众多的螺栓孔，加工要求不高，可采用钻、攻丝来完成。对于少数定位销孔，可采用钻、扩、铰加工，在摇臂钻床上进行。而轴承座孔，由于孔径较大，并都已在毛坯上铸造成形，故采用镗孔的办法加工。镗孔可在万能镗床、组合镗床、落地镗床或专用镗床上进行。

2. 机座加工阶段的划分

对于机座来说，依据其结构工艺特点，在制定工艺规程时，应考虑将其分为粗加工和精加工两个阶段，并在粗加工后进行退火处理，以消除内应力。热处理安排恰当与否，会直接影响加工质量。如某厂在加工时，曾出现过这样的情况：按工艺规程应在粗加工后进行退火处理，但后来取消了这一工序，结果在精加工后发现主轴承座孔各档高低不一，轴承座孔轴线对上平面平行度误差最大达 0.3 mm，即发生了变形。

由于机座外形尺寸大且笨重，运输困难，因此，在生产中往往只对铸件进行退火处理，加工时采用工序集中的方式，在同一工序中对工件表面进行粗、精加工（分工步）。为了减少由于粗加工时切除大量金属引起内应力和夹紧力较大而产生弹性变形的影响，可在粗加工后，松开压板，使工件变形，然后用较小的力重新夹紧，并合理选择切削用量，以减小内应力和变形。

3. 机座加工顺序的安排

先加工平面后加工孔，是机座、机体这类零件加工的一般规律。其原因如下：

（1）机座、机身加工中均采用平面作为精基准，作为精基准的平面应该首先加工出来，以便为后续工序准备好定位基准；

（2）先加工平面，切去铸件表面的凸凹不平和夹砂等缺陷，去除这些缺陷对孔的加工是有利的。

主轴承座孔是机座加工的关键，应放在最后阶段进行，以免受加工其他表面时的影响。机座上的螺孔、定位销孔的加工以及钳工工序可根据加工的方便及工序时间的平衡等因素考虑穿插在主要工序之间，以便使主要工序顺利进行，同时保证达到加工技术要求。

在生产实践中，大多把精加工平面放在主轴承座孔粗加工之前进行。这种做法的优点：在中、小批量生产中可使夹具统一；工件的装夹次数减少（粗、精加工在一道工序中分工步进行），加工余量也相应减小，生产率高，经济性好。其缺点是在粗加工孔时可能会破坏已精加工的平面精度。

根据"前面的工序要为后面的工序准备好基准"这一原则，可从最终精加工工序向前推出工艺过程的大致轮廓：镗主轴承座孔（以上平面和侧边缘为定位基准）→加工上平面、侧边缘（以下平面、侧边缘为定位基准）→加工下平面、侧边缘（按画线找正装夹）→画线。

4. 大型低速柴油机机座加工工艺

现代民用海船上，大多采用大型低速柴油机，现以 MAN B&W 6S6MC-C 型柴油机机座加工为例，介绍大型低速柴油机机座加工工艺。

大型低速柴油机机座，属于单件小批生产，零件大且重，精度要求也较高，所以工艺设计应符合这些特点，这就要求工件加工时，要少用通用机床并在较少的工序中完成全部加工。

（1）制定工艺过程的基本原则。

1）工序高度集中。工序高度集中的目的是不但要保证零件的加工质量，使其尺寸精度、形状精度、相互位置精度和表面粗糙度均达到设计要求，而且要减少工序周转和加工位置的变换，压缩辅助时间，提高生产率，降低成本。工序集中的途径有工序合并及取消中间热处理。

①工序合并。

a. 多个工序合并。将多个工序合并为一个工序，由于采用高效率万能机床，工艺范围广泛，可以一次装夹完成多表面的加工。

b. 粗、精加工工序合并。将有关表面的粗加工和半精加工、精加工合并为一个工序。但是要注意，粗加工之后，适当松开夹紧机构，减少夹紧力，然后进行精加工，并合理选择切削用量，避免工件变形。

②取消中间热处理。按传统观念，大型机座在粗加工之后应先进行人工时效，再进行半精加工和精加工。但是生产实践已经证明，只要按照合理的焊接工艺，注意各部位焊接的先后顺序，减少焊接变形，并用"反变形"的原理克服焊接变形，然后将机座进行退火处理，就可以将毛坯加工为成品，而取消粗、精加工间的人工时效处理。这样不但减少了一些工序，而且减少了重复安装，使工艺过程大为简化。

2）采用较高精度的高效万能机床。加工机座常用的机床有大型龙门铣床、大型龙门镗铣床。这些机床能使用角铣头等附件，又能采用数控技术或数显技术，不但功能齐全，而且加工精度高，用来加工机座十分方便，生产率大大提高。

由于机床精度高，刚性好，不仅尺寸精度易于控制，表面粗糙度小，而且多个表面是在一次装夹中完成加工的，所以各表面间的相互位置精度很高，这对于提高装配精度和装配工作效率，提高经济效益有重要意义。

机座各面上安装螺孔的钻、攻可采用滑台摇臂钻床、龙门镗铣床、数控镗铣床等加工，不但生产率高，而且加工质量好。

（2）机座加工工艺过程。大型低速柴油机机座加工工艺过程见表2-2-1。

表2-2-1 大型低速柴油机机座加工工艺过程

工序号	工序内容	定位基准	设备
1	各轴承座粗加工		
2	焊接毛坯		
3	热处理，去应力退火		
4	画线：全面检查毛坯，画上下平面、主轴承座及各加工线		平台
5	粗铣下平面及两侧边，粗铣输出端端面	上平面支承，按线找正	龙门镗铣床
5	粗铣上平面、侧边及自由端端面、粗加工主轴承孔、主轴承座端面及开档	下平面支承于精铣过的导轨上，侧边找直	龙门镗铣床
6	精铣下平面及侧边，底面及其宽度加工成形；输出端端面铣成形	上平面支承于精铣过的导轨上，侧边找直	龙门镗铣床
6	半精铣上平面，以下平面宽度分中，精加工主轴承座开档成形，精加工主轴承座端面成形。精铣自由端端面	精铣导轨，下平面支承，底侧边找直	龙门镗铣床

续表

工序号	工序内容	定位基准	设备
7	用钻模钻、扩、攻主轴承座上的轴承盖螺栓用螺纹孔，钻、铰、攻主轴瓦下瓦止动螺纹孔，钻、铰定位销孔	下平面支承，上平面校平	滑台摇臂钻
8	上平面光平；划一档主轴承座哈夫面斜线加工线，粗、精铣哈夫面斜面成形 钳工将主轴承盖与机座研配，做标记，并装好，按要求的压力泵紧 半精铣主轴承座孔 精铣上平面，并检查其平面度 精镗主轴承座孔，并报检 精加工推力轴承两端面、推力轴承开档面及圆角 刨坐标，钻、扩机座上平面各孔，钻、攻各螺纹孔	下平面支承于精铣过的导轨上，主轴承孔止口找直	龙门镗铣床
9	钻、扩下平面各孔及刮鱼眼坑，钻、攻各螺纹孔	上平面	龙门镗铣床
10	钻、攻贯穿螺纹孔，背面刮平。钻、扩各孔，钻、攻各螺纹孔	上平面调平	滑台摇臂钻
11	铣自由端成形，刨坐标平面，钻、攻各螺纹孔 工件调头，钻、扩各孔和钻、攻各螺纹孔	上平面及减振器平面	镗床
12	钳工修整，回攻螺纹、去毛刺		
13	检验		

【拓展知识】

机座机械加工定位基准选择

（1）精基准选择。机座加工的精基准选择，应着重考虑以下几点：以设计基准作为定位基准，使基准重合，避免产生基准不重合误差；主要定位基准应有足够大的表面，使定位可靠；使大部分表面能用同一基准来进行加工（基准统一），以保证位置精度；应操作方便。按上述要求，可选取机座上平面和侧边缘或下平面和侧边缘作为精基准。

在单件小批生产中采用的便于操作的装夹方法是用特制的中心托架，如图 2-2-2 所示。中心托架以机座上平面及侧边缘定位，并装于机座上平面上，镗杆的正确位置由中心托架保证。镗杆和机床主轴一般采用浮动连接。这样既能保证加工时的正确位置（基准重合）和操作方便，又可避免镗杆和机床主轴不同轴所引起的误差。

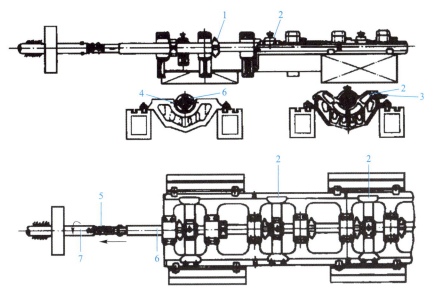

图 2-2-2　镗杆按机座上平面及侧边缘定位镗轴承座孔

1—刀头；2—中心托架；3—固定螺栓；4—镗刀；5—活动接头；6—镗杆；7—动力头输出轴

（2）粗基准选择。由于机座形状复杂，尺寸较大，为了保证轴承座孔加工余量均匀、孔壁厚薄均匀以及上、下平面有足够的加工余量，在成批生产条件下，采用画线找正的方法首先加工出下平面和侧边缘。

● 【任务考核表】

评价模块	评价内容	评价等级	综合评价
自我评价（20%）	通过本次任务学习，我学到的知识点和技能点有　　　　　　　　　　　　　　　　　　　　　　　　　不理解的有　　　　　　　　　　　　　　　　　　　　我认为在以下方面还需要深化学习，并提升岗位能力：		
组内互评（30%）	按时上课，工装齐备，书、笔齐全		
	安全操作，责任心强，6S 管理规范		
	学习积极主动，合理使用教学资源，主动帮助他人		
	接受工作分配，有效沟通，高效完成工作任务		
教师评价（50%）	评语：		

任务 2.3　活塞的制造

●【学习任务单】

学习领域	船舶柴油机装配与调试	参考学时	
项目 2	柴油机主要部件的制造	20	
任务 2.3	活塞的制造	4	
学习目标	1. 了解活塞组件的结构特点、机械加工基准的选择； 2. 熟悉活塞组件、十字头组件的制造材料、毛坯的制造方法； 3. 掌握整体式活塞机械加工工艺特点和加工工艺过程； 4. 能够进行活塞加工工艺设计。		

一、任务描述

活塞位于柴油机气缸内，做往复运动，当燃烧室里的混合气体燃烧并膨胀时，活塞受到气体的压力，并经过十字头及连杆将压力传给曲轴。气体的吸入、压缩和废气的排出，也都由活塞的运动来完成。活塞在高温高压下做长时间的连续变负荷往复运动，经受着周期性交变的机械负荷和热负荷作用。为了提高活塞的工作性能和寿命，活塞应在高温、高压下具有足够的强度和刚度，较小的质量，优良的导热性，热膨胀小，较高的耐磨性、耐腐蚀性和热稳定性等能力。

二、任务实施

1. 在教师指导下，组建小组，每组 10 人，并确定组长；

2. 按任务工单进行任务分解和资料学习，做好任务分工并进行记录；

3. 了解二冲程柴油机活塞组件、十字头组件的结构特点、加工工艺流程，能够对活塞组件、十字头组件进行正确地加工工艺设计；

4. 小组经过讨论确定任务结果，每小组由中心发言人进行成果展示，经过全体同学讨论，确定正确结果；

5. 检查总结。

三、相关资源

教材、教学课件、图片、柴油机说明书、网络与图书馆资源、二冲程柴油机实训仿真软件。

四、教学要求

1. 认真进行课前预习，充分利用教学资源；

2. 充分发挥团队合作精神，正确完成工作任务；

3. 团队之间相互学习，相互借鉴，提高学习效率。

【背景知识】

2.3.1 活塞的结构及选材

1. 活塞结构的特点

十字头式活塞用于大型低速柴油机,由于其相对散热面积很小,热负荷和机械负荷都很高,因而普遍采用耐热合金钢活塞头和耐磨合金铸铁裙部的组合式结构。活塞头、裙部和活塞杆用柔性螺栓连接。活塞顶部有平顶、凸形顶和凹形顶等形式,这取决于燃烧室形状、扫气要求和气阀在缸盖上的布置。由于侧推力由十字头滑块承担,为减轻重量,裙部做得较短,只有在需要用裙部来控制进、排气口的某些弯流扫气的柴油机才采用长裙活塞。

十字头式活塞均为强制冷却式(轴向散热型),冷却液可用滑油、淡水和蒸馏水。滑油的比热小,散热效果差,在高温状态下易在冷却腔内产生结焦,但它不存在因泄漏而污染曲轴箱油的危险,故对输送机构的密封性要求不高;淡水和蒸馏水的水质稳定,比热大,散热效果好,并可采用水处理解决其腐蚀和结垢的缺陷,但对输送机构的密封性要求高。

图2-3-1所示为十字头式柴油机活塞的结构,主要由活塞头1、活塞裙4、活塞杆8、活塞环2等组成。活塞头用螺钉7紧固在活塞杆上端法兰上,活塞裙用螺钉6紧固在活塞头下端,有4道斜搭口活塞环。

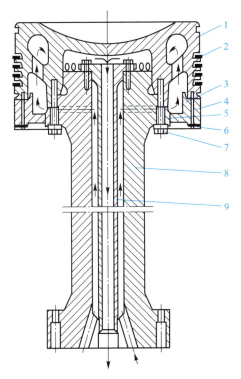

图2-3-1 十字头式活塞

1—活塞头;2—活塞环;3、5—密封圈;4—活塞裙;6、7—螺钉;8—活塞杆;9—回油管

活塞头由耐热铬钼钢铸成，下凹形顶面有利于燃油与空气的混合，也利于扫气和受热后自由膨胀。顶背铸有冷却腔，用滑油冷却。活塞头采用内支承环形凸台，将气体压力传递到活塞杆上，大大提高了承受机械负荷的能力，所以活塞顶部和环带都比较薄，有利于冷却和降低热应力，体现了薄壁强背的原则。

活塞头上有4道安装气环的环槽，每个环槽上下端面都镀硬铬，使之耐磨，活塞头顶端的周向凹槽供拆装活塞起吊工具之用。

活塞裙为合金铸铁，并经表面处理，有利于磨合。活塞裙与活塞头、活塞杆之间有密封圈3和5，以防冷却油泄漏。由于是阀式直流扫气，缸套上没有排气口，活塞在上止点时不存在新鲜空气从排气口泄出的问题，故活塞裙可做得很短，以减轻重量及降低发动机吊缸高度。

活塞杆由优质碳钢锻造而成，上下端都是平面法兰，分别用螺钉与活塞头和十字头紧固连接，杆身为圆柱空心体，外表面经硬化处理，以提高耐磨性，内装有回油管9，形成活塞冷却油的进出通道。冷却油通过连接在十字头上的一根伸缩套管引入，经十字头与活塞杆底部的钻孔进入活塞杆中滑油管外的环形空间，沿回油管外周的环形通道向上经活塞杆上部的4个水平小孔进入活塞冷却腔。首先冷却活塞顶部四周的环带部分，然后从活塞头内支承上一周小孔喷向活塞顶中央内表面，以提高流速，增加冷却效果。活塞杆承受气体力和惯性力的作用，一般不受拉力只受压力。活塞杆的底部用4个螺栓与十字头连接，并由十字头上的凹槽定位。为适应不同工况，可在活塞杆与十字头之间装配调节垫片。

2. 活塞材料和毛坯

活塞一般可分为整体式和组合式。整体式活塞常用的材料有铸铁和铝合金两种。组合式活塞的活塞头部及活塞裙部用不同的材料分别制造，并经组装或焊接而制成活塞。强载的中、高速大功率柴油机一般采用组合式活塞。它的头部常采用25号钢、30Mo钢、ZG25Mo钢和不锈耐热钢制成，以提高活塞顶部的强度和耐热性，裙部则采用铝合金或铸铁。大型低速二冲程柴油机的活塞头部常采用ZG25、ZG25Mo、ZG35CrMo合金铸钢；裙部采用灰铸铁HT250、HT300。钼钢的淬透性好，而且淬火后即使进行高温回火，强度下降也很少，因而可提高高温强度。除了钼以外，添加1%的铬，则高温强度更高，而且可以增强抗氧化和抗腐蚀性能，但钢中加铬后，其铸造性能将变坏。

（1）铸铁活塞及毛坯。铸铁活塞主要用于中、低速柴油机。其价格低，成本低，具有很好的耐磨性能，材料热膨胀系数小，强度和刚度较高，但质量大，导热性差，高速柴油机中不宜采用。铸铁活塞常用材料有HT250、HT300灰铸铁，球墨铸铁及合金铸铁。整体式铸铁活塞毛坯多用砂模浇铸，手工造型，大量生产的小型铸铁活塞使用金属模浇铸。

（2）铝合金活塞及毛坯。铝合金活塞质量小，高速运动时产生的惯性小，导热性好，有利于降低活塞顶面的温度，切削性和铸造性能好，但价格较高，机械强度和耐磨性较差。因此，铝合金活塞一般应用于中、高速柴油机。铝合金活塞常用材料为共晶铝硅合金，如ZL108（含硅12%左右）是目前国内外应用最广泛的活塞材料（由于线膨胀系数较低，国外经常称为Lo-Ex合金），它既可铸造，也可锻造。含硅9%左右的亚共晶铝，其线膨胀系数稍大一些，但由于铸造性能好，适于大量生产的工艺要求，应用也很广。含硅16%~26%的过共晶铝合金，因具有相对来说最低的线膨胀系数和最好的耐磨性，已开始在二冲程柴油机上应用，其缺点是铸造工艺性和切削性较差。66-1稀土铝合金，因其耐磨性和铸造性能良好，又节约合金材料，因此得到了推广。在高速强载的柴油机上，还应用强度高、耐高温的锻合金LD8、LD11。整体式铝活塞毛坯成形方法有铸造、锻造和液态挤压等。

【任务实施】

2.3.2 活塞的加工工艺

1. 整体式活塞机械加工工艺特点

活塞零件具有薄壁套筒结构，径向刚性极差。由于其内腔非周向对称，铸造和加工内应力将造成裙部变形，每一道加工工序都可能产生夹紧变形，影响加工精度。因此制定活塞机械加工工艺过程必须充分考虑活塞的结构特点和精度要求。

图2-3-2所示为国内某厂生产的V190型柴油机整体式铝活塞简图。该零件的加工以头部外圆和上端面为基准加工活塞裙部；以止口和端面为基准加工活塞顶部燃烧室、活塞环槽、活塞头部外圆和环岸外圆。

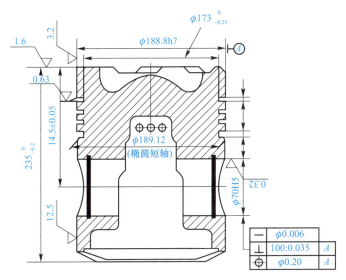

图2-3-2 V190型柴油机铝活塞简图

其加工工艺有如下特点：

（1）以止口和下端面（或中心孔）为粗基准，可加工活塞外圆、环槽、顶部燃烧室、油孔等，活塞轴向受力夹紧，不易产生变形，可以进行多刀切削和大走刀量切削。同时，以精修过的止口和下端面（或中心孔）为精基准，可在一次装夹中精加工活塞环槽、活塞头部外圆和环岸外圆，不仅能够保证活塞主要表面之间的相互位置精度，而且能够提高生产率。

（2）以活塞头部外圆和上端面为精基准加工活塞裙部中凸椭圆，工艺基准与设计基准重合，减少了定位误差，且装夹方便、稳定可靠。

2. 加工阶段的划分

活塞加工分为粗、精加工两个阶段，中间插入热处理工序。图 2-3-2 所示铝活塞的加工工艺过程，工序 100（表 2-3-1）以前为粗加工阶段，包括对各主要表面如止口、外圆、环槽、燃烧室等进行粗加工，同时将一些要求不高、又切除较多金属的表面如油孔等加工出来。工序 100 以后为精加工阶段，在此工序中，对精基准面进行修整，以保证后续精加工工序的定位精度。此外，为避免加工后的表面受到损伤，主要表面的精加工应尽量放在最后进行。

3. 加工工艺过程

图 2-3-2 所示的整体式铝活塞属于大批量生产，设有专用的流水线。大量使用专用机床、工夹量具，其工艺过程见表 2-3-1。

表 2-3-1 整体式铝活塞工艺过程

工序号	工序内容	设备	定位基准
10	铸造：液态挤压成形		
20	热处理：淬火，回火		
30	粗车下端面、止口及倒角	C630 车床	外圆
40	钻并粗镗销孔	专用车床	止口、下端面
50	钻油孔	专用立钻	止口、下端面
60	粗车上端面、外圆、粗切环槽	C630 车床	止口、下端面、顶尖孔
70	钻、锪油孔	多头钻床	外圆、上端面
80	粗车燃烧室、平顶尖孔凸台	C630 车床	止口、下端面
90	铣内腔、粗铣开档面	X53K 立铣	外圆、上端面
100	精车下端面、止口及倒角	C630 车床	外圆
110	打中心孔，精车上端面、外圆，精切环槽	C630 车床	止口、下端面、中心孔
120	精车燃烧室并抛光	C630 车床	止口、下端面
130	精铣开档面	X53T 铣床	外圆、上端面
140	铣气阀坑	专用铣床	外圆、下端面
150	铣避碰弧	专用铣床	外圆、上端面
160	套车裙部中凸椭圆	专用车床	外圆、上端面
170	检验		
180	称重标识，分组包装入库		

4. 活塞杆的机械加工工艺过程

十字头式活塞用于大型低速柴油机，其结构如图 2-3-3 所示，活塞普遍采用耐热合金钢活塞头和耐磨合金铸铁裙部的组合式结构，然后用柔性螺钉把活塞头、活塞裙和活塞杆三者连成一体。

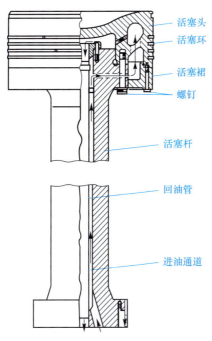

图 2-3-3 十字头式活塞结构

活塞杆由优质碳素钢锻制而成，上下端面都是平面法兰，分别用螺钉与活塞头和十字头颈部连接，杆身为圆柱空心体，外表面经热处理硬化，以提高耐磨性，内装有回油管，形成活塞冷却的进出通道。在主机运行时，活塞杆做直线往复运动，将推动活塞头的爆发压力传递给十字头，使主机运行。活塞杆需要经过车床、铣床、钻床、镗床、磨床等一系列机床和若干工序才能将其加工成成品。既包括冷热加工，还包括各种检验，这些加工均分布在各个环节。活塞杆的表面质量要求较高，且活塞杆表面需淬火，加工难度大。S50ME-B 型柴油机活塞杆的机械加工工艺过程见表 2-3-2，材料为 42CrMo。

表 2-3-2 活塞杆机械加工工艺过程

工序号	机床号/工种	工艺流程内容
0		来料毛坯已粗加工，经消除应力和探伤，材料合格
1	SI-148A	1. 大端车顶尖孔
		2. 尾座支撑，大端杆颈处车架子印
		3. 车深孔引导孔并车平大端端面
2	TK2180	钻中心深孔
3	热处理	退火处理，消除机加工应力
4	C61125A	1. 上膨胀胎，车杆颈及内档圆弧仿形
		2. 撤胎，夹小端，车大端外圆
		3. 车大端两端面
		4. 工件调换端面，夹大端，车小端外圆
		5. 车小端端面
		6. 钻头预钻孔接通中心深孔

续表

工序号	机床号/工种	工艺流程内容
5	热处理	杆颈部分淬火处理
6	C61125A	1. 精车杆颈留磨量，内档仿形车成品
		2. 撤胎，车大端各成品大外圆留磨量
		3. 车大端水腔及密封槽成品
		4. 工件调换端面，车小端各处成品
7	平台	1. 画杆颈中心线及找正线
		2. 画大端外圆4个孔的孔线
		3. 画小端4个侧面的加工线
8	Z3080×25	按线钻扩大端外圆上孔成品
9	X2012	按线铣小端4个侧面成品
		注：加工中钳工配合炉号和钢印移位
10	TH6516A	1. 加工大端端面各孔成品
		2. 加工小端端面各孔成品
11	钳工	打磨各锐边，清理活塞杆各孔并攻丝
12	XF-125×60	1. 磨杆颈成品，留抛光余量
		2. 磨大端端面成品
		3. 磨大端两外圆成品
13	检验	按要求对活塞杆杆颈进行探伤
14	SI-148A 超精磨	抛光杆颈
15	钳工	清理活塞杆各部分并做好防锈
16	检验	检验活塞杆的各项尺寸

● 【拓展知识】

1. 活塞机械加工定位基准的选择

（1）精基准的选择。在中高速柴油机中，筒形活塞零件各加工表面的相互位置精度要求：销孔中心线与裙部中心线垂直相交；环槽侧面与裙部外圆中心线垂直。从保证上述技术要求来看，应以裙部外圆表面为精基准，但实际生产中大多不用裙部外圆而采用活塞止口作为统一基准；精加工外圆用止口和顶面中心孔定位，其余工序大多采用止口和下端面定位。

（2）粗基准的选择。在通常情况下，止口加工为第一道工序。因为活塞内腔表面是不加工的，所以粗基准的选择应考虑加工表面和不加工面之间的位置关系。活塞零件要求壁厚均匀，若活塞相对其中心线质量不对称，会影响柴油机工作时的平稳性。因此，为保证壁厚均匀，即内壁和裙部外圆的同轴度达到规定的要求，应选内表面为粗基准。在活塞毛坯精度较高时，考虑到安装和加工止口方便，一般选择活塞外圆和顶面为粗基准。

2. 活塞检验

活塞每一道工序加工完毕后，操作人员要自检；主要工序加工过程中，检验员或车间管理人员要巡检；全部加工完毕后，要由专职检验员进行终检。活塞在批量生产前，应进行首检，只有首检合格后方可投入批量生产。检验项目应包括技术要求中的主要内容，活塞的检验方法主要包括以下几项内容：

（1）尺寸精度检测。

1）活塞外圆尺寸使用外径千分尺或专用卡规进行检测。

2）活塞内径尺寸使用内径千分表或专用环规进行检测。

3）活塞长度或深度尺寸使用游标卡尺、深度尺进行检测。

4）环槽宽度使用专用塞规进行检测，塞规的止通端尺寸对应于环槽宽度尺寸的上、下偏差。

（2）形状、位置精度。

1）活塞裙部内表面对外圆的同轴度。在裙部通过轴线的对称处，以其壁厚差的最大值作为同轴度偏差。

2）活塞环槽上、下两平面对外圆轴线的垂直度。以精加工裙部的定位基准作为测量基准，使用杠杆百分表在环槽对称方向测两处，取其平均值作为垂直度误差。

3）活塞环槽上、下两平面对外圆轴线的端面跳动。以精加工裙部外圆的定位基准为测量基准，使用杠杆百分表测量，旋转被测活塞一周，表中读数即为端面跳动。

4）头部外圆、环岸外圆、环槽底圆对外圆轴线的径向跳动。以精加工裙部外圆的定位基准为测量基准，让百分表接触对应各圆表面，旋转被测活塞一周，表中读数即为各自的径向跳动。

5）销孔轴线对外圆轴线的位置度测量。位置度测量如图2-3-4所示，相反方向重复一次。

6）销孔轴线对外圆的垂直度测量。垂直度测量方法如图2-3-5所示，以销孔定位测量裙部轮廓要素，相反方向重复一次。

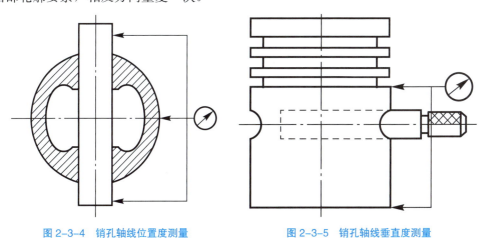

图2-3-4　销孔轴线位置度测量　　　图2-3-5　销孔轴线垂直度测量

3. 活塞的表面处理

随着柴油机强载度的不断提高，活塞的工作条件也变得更加恶劣。为了改善活塞的磨合性能，提高活塞的使用寿命，对活塞进行的各种表面处理已经被越来越多地应用到生产上。下面简要地介绍几种活塞表面处理方式：

（1）活塞裙部涂二硫化钼（MoS_2）。二硫化钼是一种优良的固体润滑剂，具有较强的减磨作用。涂覆方法主要有喷涂法和电浴法两种，涂层厚度为 0.03~0.05 mm，可改善缸套与活塞的磨合，减少拉缸故障。

（2）活塞顶面阳极氧化。将活塞顶面置于酸浴槽内电解，使顶面形成一种坚硬的三氧化二铝（Al_2O_3）薄膜，膜厚一般为 0.02~0.05 mm。处理后的活塞耐热性好（可达 1 500 ℃以上），导热率低，具有良好的耐腐蚀性和隔热性能。

（3）活塞顶面喷涂陶瓷。利用等离子喷涂技术，在活塞顶面喷涂耐热陶瓷，其作用与阳极氧化薄膜相同，但隔热降温效果更好。陶瓷材料一般采用熔点为 1 600 ℃~2 500 ℃的金属氧化物，陶瓷涂层厚约为 0.2~0.3 mm。

（4）活塞环槽表面激光淬火处理。激光淬火处理是指在活塞环槽表面施以激光扫描而使环槽表面浅层获得硬化，从而提高活塞环槽的耐磨和耐腐蚀性能。

● 【任务考核表】

评价模块	评价内容	评价等级	综合评价
自我评价（20%）	通过本次任务学习，我学到的知识点和技能点有_____		
	不理解的有_____		
	我认为在以下方面还需要深化学习，并提升岗位能力：_____		
组内互评（30%）	按时上课，工装齐备，书、笔齐全		
	安全操作，责任心强，6S 管理规范		
	学习积极主动，合理使用教学资源，主动帮助他人		
	接受工作分配，有效沟通，高效完成工作任务		
教师评价（50%）	评语：		

任务 2.4 连杆的制造

● 【学习任务单】

学习领域	船舶柴油机装配与调试	参考学时	
项目 2	柴油机主要部件的制造	20	
任务 2.4	连杆的制造	4	
学习目标	1. 了解连杆的结构特点、机械加工基准的选择; 2. 熟悉连杆的制造材料、毛坯的制造方法; 3. 掌握连杆机械加工阶段的划分、加工顺序的安排和加工工艺过程; 4. 能够进行连杆加工工艺设计。		

一、任务描述

连杆是柴油机的重要零件之一,其大头孔与曲轴连接,小头孔与活塞销或十字头销相连接,将作用于活塞的气体膨胀压力传给曲轴。连杆承受的是高交变荷载,气体的压力在杆身内产生很大的压缩应力和弯曲应力。连杆承受的是冲击性质的动荷载。四冲程柴油机的连杆有时承受压应力,有时承受拉应力。二冲程柴油机的连杆始终承受压应力。因此,要求连杆质量轻,强度高。

二、任务实施

1. 在教师指导下,组建小组,每组 10 人,并确定组长;

2. 按任务工单进行任务分解和资料学习,做好任务分工并进行记录;

3. 了解二冲程柴油机连杆组件的结构特点、加工工艺流程,能够对连杆组件进行正确地加工工艺设计;

4. 小组经过讨论确定任务结果,每小组由中心发言人进行成果展示,经过全体同学讨论,确定正确结果;

5. 检查总结。

三、相关资源

教材、教学课件、图片、柴油机说明书、网络与图书馆资源、二冲程柴油机实训仿真软件。

四、教学要求

1. 认真进行课前预习,充分利用教学资源;

2. 充分发挥团队合作精神,正确完成工作任务;

3. 团队之间相互学习,相互借鉴,提高学习效率。

● 【背景知识】

2.4.1 连杆的结构及选材

1. 连杆的结构特点

图 2-4-1 所示为某柴油机连杆总成,它由连杆大端、杆身和连杆小端 3 部分组成。连杆大端是分开的,一半与杆身连为一体,一半为连杆盖,连杆盖用螺栓和螺母与曲轴主轴颈装配在一起。为了减少磨损和磨损后便于修理,在连杆小端孔中压入青铜材套,大端孔中装有薄壁金属轴瓦。为方便加工连杆,一般在连杆的大端侧面或小端侧面设置工艺凸台或工艺侧面。

连杆的结构特点:外形复杂,不易定位,大、小端由细长的杆身连接,刚度差,容易变形。

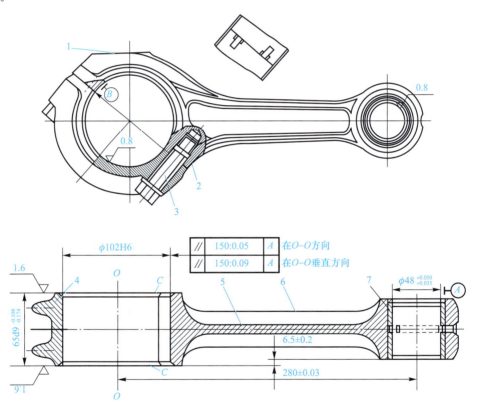

图 2-4-1 连杆总成

2. 连杆的材料和毛坯

连杆材料应具有较好的综合机械性能,包括较高的强度极限、疲劳极限,良好的冲击韧性、延伸率及断面收缩率,工艺性好,价格低等。低速船用柴油机的转速低,活塞平均速度低,零部件的尺寸较大,选用优质碳素钢 20 号、35 号、45 号等即可。高速强载大功率柴油机则多选用优质高强度合金钢,如 35CrMo、45Mn2、18Cr2Ni4WA 等;其他中等强度荷载及高速柴油机则一般选用 40Cr 等一般结构合金钢。

连杆材质的性能还需要由适当的热处理规范来保证。对尺寸较小的结构多采用调质的方法来保证材料的综合性能；结构尺寸大的低速柴油机连杆多用正火的方法；对强化程度较高的柴油机连杆除调质外还对连杆表面进行抛光、喷丸或氮化等表面强化处理以提高表面强度。

钢制连杆都用锻造毛坯，连杆的锻造方法有两种：一种是将连杆体和盖分开锻造；另一种是连杆体与连杆盖整体锻造。

整体锻造或分开锻造的选择取决于锻造设备的能力，显然整体锻造需要有大的锻造设备。从锻造后材料的组织来看，分开锻造的连杆盖金属纤维是连续的，如图2-4-2（a）所示，因此具有较高的强度；而整体锻造的连杆，铣切后，连杆盖的金属纤维是断裂的，如图2-4-2（b）所示，因而削弱了强度。整体锻造要增加切开连杆的工序，但整体锻造可以提高材料利用率，减少结合面的加工余量，加工时装夹也比较方便。整体锻造只需要一套锻模，一次便可锻成，也有利于组织和管理生产，故一般只要不受连杆盖形状和锻造设备的限制，均尽可能采用连杆的整体锻造工艺。

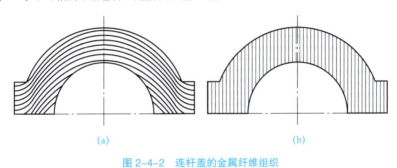

图2-4-2　连杆盖的金属纤维组织

（a）纤维连续；（b）纤维断裂

● 【任务实施】

2.4.2　连杆、十字头的加工工艺

1. 连杆机械加工阶段的划分和加工顺序的安排

连杆的主要加工表面为大、小端孔，两端面，连杆盖与连杆体的接合面和螺栓等，次要表面为油孔、锁口槽、工艺基准的工艺凸台等，还包括称重、去重、检验、清洗和去毛刺等工序。

连杆本身的刚度比较低，在外力作用下容易变形；连杆是模锻件，孔的加工余量较大，切削加工时易产生残余应力。因此，在安排工艺过程时，应把各主要表面的粗、精加工工序分开。这样，粗加工产生的变形就可以在半精加工中得到修正；半精加工中产生的变形可以在精加工中得到修正，最后达到零件的技术要求。例如，大端孔先进行粗镗，连杆合件加工后进行半精镗、精镗。同时在工序安排上先加工定位基准，如端面加工的铣、磨工序放在加工过程之前。

连杆的加工过程可分为以下3个阶段：

（1）粗加工阶段。粗加工阶段是连杆体和盖合并前的加工阶段，主要是基准面的加工，包括辅助基准面加工、准备连杆体及盖合并所进行的加工，如两者对口面的铣、磨等。

（2）半精加工阶段。半精加工阶段也是连杆体和盖合并后的加工，如精磨两平面、半精镗大端孔及孔口倒角等。总之，这是为精加工大、小端孔做准备的阶段。

（3）精加工阶段。精加工阶段主要是最终保证连杆大、小端孔全部达到图纸要求的阶段，如珩磨大端孔、精镗小端轴承孔等。

2. 连杆加工工艺过程

图 2-4-3、图 2-4-4 分别是某柴油机连杆零件和连杆盖，相互用螺栓连接，结合面用定位套定位。该连杆生产属于大批量生产，采用流水线作业。连杆采用分开锻造工艺，先分别加工连杆体和连杆盖，然后合件加工。

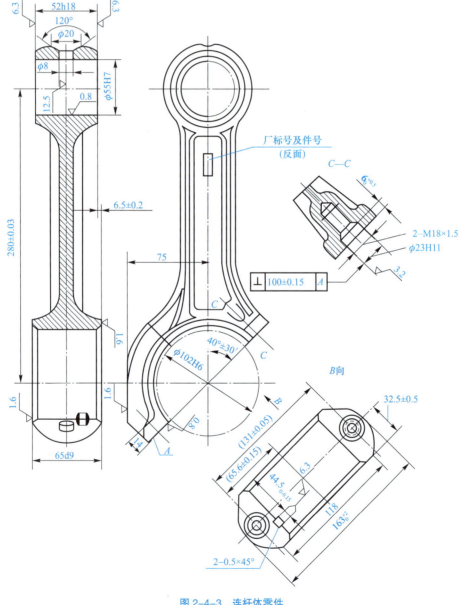

图 2-4-3 连杆体零件

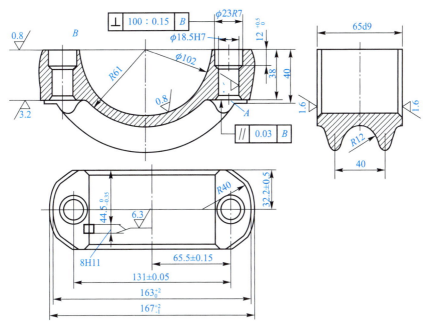

图 2-4-4 连杆盖

连杆的机械加工工艺过程见表 2-4-1 和表 2-4-2。

表 2-4-1 连杆加工工艺过程

连杆体			连杆盖			机床设备
工序号	工序内容	定位基准	工序号	工序内容	定位基准	
10	模锻		10			
20	调质		20			
30	磁性探伤		30			
40	粗、精铣两平面	大端孔壁、小端外廓端面	40	粗、精铣两平面	端面结合面	立式双头回转铣床
50	磨两平面	端面	50	磨两平面	端面	立轴圆台平面磨床
60	钻、扩、铰小端孔、孔口倒角	大、小端端面,小端工艺凸台				立式五工位机床
70	粗、精铣工艺凸台及结合面	大、小端端面,小端孔,大端孔壁	60	粗、精铣结合面	端面肩胛面	立式双头回转铣
80	连杆体两件粗镗大端孔,倒角	大、小端端面,小端孔,工艺凸台	70	连杆盖两件粗镗孔,倒角	肩胛面螺栓孔外侧	卧式三工位机床
90	磨结合面	同上	80	磨结合面	肩胛面	立轴平面磨床

续表

	连杆体			连杆盖		机床设备
工序号	工序内容	定位基准	工序号	工序内容	定位基准	
100	钻、攻螺孔，钻、铰定位孔	小端孔及端面工艺凸台	90	钻、扩沉头孔，钻、铰定位孔	端面、大端孔壁	卧式五工位机床
110	精镗定位孔	定位孔结合面	100	精镗定位孔	定位孔结合面	
120	清洗		110	清洗		

表 2-4-2　连杆合件加工工艺过程

工序号	工序内容	定位基准	机床设备
10	体与盖清洗、对号装配		
20	磨两平面	大、小端端面	立轴圆台平面磨床
30	半精镗大端孔及孔口倒角	大、小端端面，小端孔，工艺凸台	
40	精镗大、小端孔	大、小端端面，小端孔，工艺凸台	金刚镗床
50	钻小端油孔及孔口倒角		
60	珩磨大端孔		珩磨机
70	小端孔内压入轴承（衬套）		
80	铣小端两端面	大、小端端面	
90	精镗小端孔轴承	大、小端孔	金刚镗床
100	拆开连杆盖		
110	铣连杆盖大端轴瓦定位槽		
120	对号装配		
130	退磁		
140	检验		

3．十字头销的机械加工工艺过程

十字头销是船用低速柴油机的重要精密零部件和关键运动连接部件，其主要作用是连接连杆及活塞杆，并承受连杆产生的侧推力。十字头销在两端安装滑块，以机架导板为导向，通过活塞杆的推动做上下往复运动，同时带动连杆及曲轴转动。十字头销结构如图 2-4-5 所示，主要包括位于中间的大外圆 1 和位于两端的小外圆 2，小外圆 2 的两侧的端面 4 上设有顶尖孔 5，大外圆 1 的外周设有缺口平面 3。

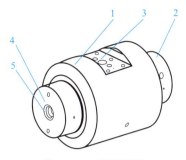

图 2-4-5 十字头结构

1—大外圆；2—小外圆；3—凹槽面；4—端面；5—顶尖孔

当十字头销随连杆转动时，十字头销的大外圆 1 与轴瓦配合，并且与轴瓦发生相对转动，因此精度要求极高，属于高精密的大型零件。十字头销不仅表面质量要求较高，而且内部孔系加工较繁杂，有的还需要表面淬火，加工难度较大。不仅包括冷热加工，各种检验也分布在各个环节。十字头销毛坯一般用优质碳钢（40 号、45 号钢）锻造，有时也用合金钢。下面以 S50ME-B 型柴油机为例，介绍其十字头销加工工艺过程，见表 2-4-3，材料为 45 号钢。

表 2-4-3 十字头销机械加工工艺过程

工序号	机床号/工种	工艺过程内容
0		毛坯为锻件，经粗加工、超声波探伤验证，材料合格
1	平台	1. 检查毛坯余量
		2. 画腰线及两端中心孔线
2	MEC5	两端加工顶尖孔
3	C61125A	粗车外圆
4	热处理	外圆表面淬火
5	MEC5	粗铣两端面
6	平台	1. 画十字中心线
		2. 画两端面各孔孔线
7	T6112	钻深孔成品
		加工两端孔成品
8	Z3080	攻两端 G2-1/4 管螺纹成品
9	钳工	安装顶胎
10	C61125A	1. 车两端面及倒角成品
		2. 修正两端顶胎的顶尖孔
11	M1380A	粗磨外圆
12	钳工	移炉号

续表

工序号	机床号/工种	工艺过程内容
13	平台	1. 画十字中心线及槽底加工线
		2. 画外圆上周边孔孔线
14	MEC5	粗铣凹槽面
15	TX6111T	1. 铣凹槽面成品
		2. 钻凹槽面上中心孔成品
		3. 凹槽面上其余各孔引窝
		4. 外圆上周边孔引窝
16	TX6111T	外圆上周边孔加工
17	Z3080	凹槽内孔成品
18	中钳	1. 清理，打标记
		2. 上压盖
19	C61125A	校核顶胎
20	M1380A	按工艺要求磨外圆成品
21	检验	磁粉探伤
22	TX-007A	超精磨削外圆成品
23	中钳	1. 去压盖，顶胎，修磨成品
		2. 按要求防护

● 【拓展知识】

连杆机械加工定位基准的选择

连杆加工工艺过程的大部分工序都采用统一的定位基准：端面、小端孔及工艺凸台。这样有利于保证连杆的加工精度，而且端面的面积大，定位比较稳定。

由于连杆的外形不规则，为了定位需要，在连杆大端处做出工艺凸台，作为辅助基准。

连杆大、小端端面对称分布在杆身的两侧，由于大、小端厚度不等，所以大端端面与同侧小端端面不在同一平面上。用这样不等高面作为定位基准时，必然会产生定位误差。因此，在制定工艺时，可先把大、小端做成相同厚度，这样不仅避免了上述缺点，还因为定位面积加大，定位更加可靠，直到加工的最后阶段再铣出这个台阶面。

连杆是一个刚性很差的工件，应十分注意夹紧力的大小、方向及着力点位置的选择，以免因受夹紧力的作用产生变形，使加工精度降低。图2-4-6是不正确的夹紧方法。

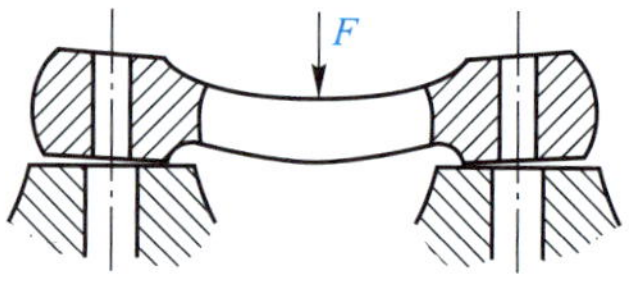

图 2-4-6 连杆的夹紧变形

在实际生产中，设计粗铣两端面的夹具时，夹紧力的方向与端面平行，在夹紧力作用的方向，大端端部与小端端部的刚性大，即使有一点变形，也产生在平行于端面的方向上，对端面平行度影响较小。夹紧力通过工件直接作用在定位元件上，可避免工件产生弯曲或扭转变形。

● 【任务考核表】

评价模块	评价内容	评价等级	综合评价
自我评价（20%）	通过本次任务学习，我学到的知识点和技能点有 _____		
	不理解的有 _____		
	我认为在以下方面还需要深化学习，并提升岗位能力：_____		
组内互评（30%）	按时上课，工装齐备，书、笔齐全		
	安全操作，责任心强，6S 管理规范		
	学习积极主动，合理使用教学资源，主动帮助他人		
	接受工作分配，有效沟通，高效完成工作任务		
教师评价（50%）	评语：		

任务 2.5　曲轴的制造

● 【学习任务单】

学习领域	船舶柴油机装配与调试	参考学时
项目 2	柴油机主要部件的制造	20
任务 2.5	曲轴的制造	4

续表

学习领域	船舶柴油机装配与调试	参考学时
学习目标	1. 了解曲轴的结构特点、机械加工基准的选择； 2. 熟悉曲轴的制造材料、毛坯的制造方法； 3. 掌握组合式曲轴的制造工艺； 4. 能够进行曲轴加工工艺设计	

一、任务描述

曲轴是柴油机的重要零件之一，活塞的往复运动通过连杆传递给曲轴转化为旋转运动，它承担着输出柴油机全部功率的作用。在工作时，曲轴既承受着周期变化的气压冲击力，活塞连杆往复运动和自身旋转运动的惯性力、离心力，还承受着扭转振动而引起的附加应力。因此，曲轴在工作状态中受着交变的扭矩和弯矩荷载，这就要求曲轴具有足够的强度、刚度和较高的加工精度，否则就会影响柴油机的正常工作与寿命。若柴油机达不到额定功率，或主轴承运动副严重磨损，甚至曲轴断裂，会致使柴油机报废。

二、任务实施

1. 在教师指导下，组建小组，每组10人，并确定组长；
2. 按任务工单进行任务分解和资料学习，做好任务分工并进行记录；
3. 了解二冲程柴油机曲轴组件的结构特点、加工工艺流程，能够对曲轴组件进行正确的加工工艺设计；
4. 小组经过讨论确定任务结果，每小组由中心发言人进行成果展示，经过全体同学讨论，确定正确结果；
5. 检查总结。

三、相关资源

教材、教学课件、图片、柴油机说明书、网络与图书馆资源、二冲程柴油机实训仿真软件。

四、教学要求

1. 认真进行课前预习，充分利用教学资源；
2. 充分发挥团队合作精神，正确完成工作任务；
3. 团队之间相互学习，相互借鉴，提高学习效率

● 【背景知识】

2.5.1 曲轴的结构及选材

1. 曲轴的结构特点

曲轴的结构如图 2-5-1 所示。它由若干个单位曲柄、自由端及飞轮端组成。单位曲柄是曲轴的基本组成部分，它由主轴颈、曲柄销和曲柄组成。曲轴的强度和刚度主要由单位曲柄的构造决定。在曲柄的下部，有时装有平衡重块，用以平衡柴油机旋转质量所产生

的惯性力和力矩。根据单位曲柄的构造特点,船用柴油机曲轴有整体式、组合式、圆盘式三种。

其中,整体式曲轴最常见。其特点是主轴颈、曲柄销和曲柄三者是一个整体,如图 2-5-1 所示。大多数高速和中速柴油机采用整体式曲轴。

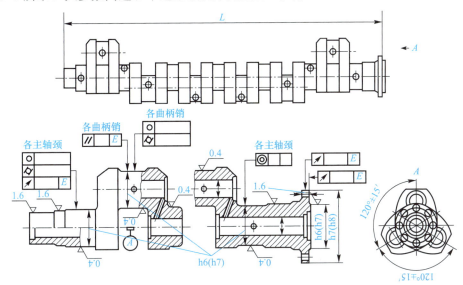

图 2-5-1 整体式曲轴零件图

组合式曲轴又分为半组合式和全组合式两种,如图 2-5-2 所示。半组合式曲轴如图 2-5-2(a)所示,曲柄销和曲柄浇铸成一整体,主轴颈单独制造,然后用套合(红套或液压套)的方法组合成整体。全组合式曲轴如图 2-5-2(b)所示,主轴颈、曲柄销、曲柄分开制造,后用套合的方法装成一体。组合式曲轴多用于大型低速柴油机,其特点是消除了大件锻造的困难,降低了锻造成本。

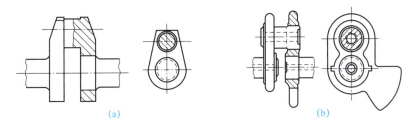

图 2-5-2 组合式曲轴
(a)半组合式;(b)全组合式

圆盘式曲轴将主轴颈及其两侧的两个曲柄臂合并成一个圆盘,圆盘式曲轴主要用于某些要求结构紧凑的高速柴油机。

2. 曲轴的材料和毛坯

(1)曲轴的材料。曲轴材料的选用,应在保证具有足够强度的前提下,尽可能采用一般材料。除考虑机械性能、疲劳强度外,还要考虑耐磨性、抗冲击韧性,以及制造加工的工艺性、设备能力和热处理性能等。曲轴主要采用的材料有优质碳素钢、合金钢、球墨铸铁等。

现在大量生产的小型柴油机，其曲轴材料一般采用球墨铸铁和优质碳素钢，例如 QT700-2 球墨铸铁和 35 号、40 号、45 号钢等。

船用大型低速柴油机曲轴，多采用半组合式制造，这时主轴颈常用 35 号、40 号钢；曲柄及曲柄臂则采用 ZG35、ZG45、ZGMnV 铸钢。

船用中、高速柴油机整体式曲轴，采用 35 号、40 号、45 号、40Cr、45Cr、35CrMoA 钢为多，也可采用球墨铸铁 QT700-2。高速强载大功率柴油机曲轴则多采用合金钢，如 35CrMoA、18CrNiMoA、18CrNiWA 等。

（2）曲轴毛坯的制造方法。曲轴毛坯制造方法，常取决于所选用的材料、生产批量和工厂具体情况。当选用钢材时，常用锻造法制造毛坯；小型曲轴、生产批量又大时采用模锻；中、大型整体曲轴采用自由锻或镦锻；大型半组合曲轴，其曲柄用铸钢件。当选用球墨铸铁时，则用铸造方法获得曲轴毛坯。

近 10 年来，广泛采用特殊制造法制造曲轴毛坯，较成功的是镦锻弯曲法，即 RR 锻造法和 TR 锻造法。此法最大的优点是能使锻件纤维沿曲轴的形状连续分布、扭曲少、材料利用率高、机械加工省工时、成本低。

钢曲轴毛坯一般在锻成后预先做正火或退火热处理，以消除锻造应力，改善坯件材料组织的均匀性，并有利于机械加工且为最终热处理做好准备。

● 【任务实施】

2.5.2 曲轴的加工工艺

目前，大功率低速柴油机曲轴，常采用组合式（半组合式或全组合式）制造方法。

半组合式制造曲轴是将曲轴各个单独的曲柄和主轴颈分开来制造（其中曲柄臂和曲柄销浇铸或锻造成整体为曲柄），然后套合成整根曲轴，再经过少量加工修整而制成成品。

全组合式制造曲轴是将曲轴每一曲柄的主轴颈、曲柄臂和曲柄销分开来制造，然后套合成整根曲轴，再经过少量加工修整而制成成品。

目前较广泛地采用半组合式方法来制造曲轴。用此法制造曲轴时，大致分为 3 个阶段：套合前曲轴各部分元件的机械加工、曲轴的套合、套合后整根曲轴的加工及修整。

1. 曲轴套合前的机械加工和组合曲轴的套合

半组合式曲轴在套合前的机械加工，主要是指曲柄和主轴颈的机械加工。提高曲轴各元件的机械加工精度，是保证组合曲轴的制造质量的前提。因此，对曲柄和主轴颈的机械加工，应提出较高的加工精度要求。在缺乏旋转刀架机床的情况下，曲轴套合后曲柄销通常不再进行机械加工而只做少量修整，这时应将曲柄销加工到留少量修整余量的尺寸，而主轴颈则进行精加工。因此，对曲柄加工应提出较高的技术要求。

半组合式曲轴的主轴颈、曲柄上的主轴颈套合孔表面及曲柄销表面，应经过磁粉探伤检验，探伤后应退磁。

目前，组合曲轴的套合有红套和液压套合两种方法，红套的方法应用较为广泛。

红套是利用金属材料热胀冷缩的变化规律，把比曲轴主轴颈直径稍小的孔加热胀大，将主轴颈套入孔中，冷缩后，轴与孔（即主轴颈和曲柄）就形成了能传递扭矩的结合体。曲轴红套工艺可分为红套前准备、单件套合和组件套合3个阶段。

（1）曲轴红套前的准备。

1）曲柄和主轴颈机械加工后进行探伤检验，然后复查所有曲柄和主轴颈的有关尺寸及过盈量等，并做好记录和分组编号，用标记注明以免红套时发生差错。

2）在各曲柄臂外侧平面上，准确地画好曲柄臂对称平面线，即曲柄销轴线与曲柄臂上主轴颈套合孔轴线的连心线，以便安装角度定位器时作为定位基准。

3）准备好红套时所需的一切工具，包括校平仪器、测量工具、定位工具、夹紧吊运工具、加热设备和清洁用具等。

（2）曲柄单件套合。曲轴红套时，有竖套和横套两种方式，目前我国各造机厂广泛采用竖套的方式。

曲柄单件套合是指将一曲柄与主轴颈套合成组件。单件套合主要作用是保证主轴颈红套后的轴向长度尺寸、主轴颈轴线与曲柄销轴线的平行度要求。因此，在红套加热前必须将轴向定位器安装正确，同时曲柄也应放平垫实（用水平仪校平），用四氯化碳清洁轴和孔的套合表面，去除油脂，然后对曲柄进行缓慢加热。当曲柄臂套合孔内表面温度到达200 ℃左右（曲柄臂外边缘的温度一般为240 ℃左右）时，用内径量棒在套合孔的相互垂直的两个位置检查孔径，清洁孔壁后即可套入主轴颈。加热温度的测量可用热电偶温度计、变色笔等进行，也可凭经验观察曲柄臂表面的颜色。若呈淡黄色则温度已到，若呈蓝色或紫色则温度过高，应立即停止加热。红套后，向曲柄组件喷射压缩空气使之均匀冷却，这时曲柄仍须按套合时放置，使轴颈的轴线与地面垂直。

（3）由组件套成整根曲轴。组件红套是指将单件套合好的曲柄组件套合成整根曲轴。这时除了要保证曲轴长度尺寸以外，还必须保证各曲柄之间的夹角要求。因此，在组件红套加热前必须将轴向定位器和角度定位器安装正确。

红套的顺序通常是以凸缘端为基础，也可以自由端为基础，按先后次序逐一套合。为了加速红套进程，可将单件套合和组件套合平行交错进行，即在单件红套时先套合作为基准的曲柄组及与之相套合的曲柄组，然后，一方面依次继续其他曲柄组的单件套合，另一方面可开始组件的套合。

在组件套合时，还必须注意吊运曲柄组件时的平衡问题和曲柄组件的正确位置。

组件套合时的加热温度、测量、冷却等工艺问题与单件套合时相同。

当整根曲轴套合后，应就地均匀冷却。待完全冷却后，才可拆除定位工具及平衡重等，以保证曲轴的套合质量。

2. 组合曲轴套合后的加工

组合曲轴套合成整根曲轴后，由于各主轴颈的径向圆跳动量和曲柄销与主轴颈轴线的平行度尚未达到规定的技术要求，因此，必须进行必要的加工和修正。目前采用的方法有两种：其一是用机床对主轴颈进行机械加工，而曲柄销则由钳工锉削修正；其二是主轴颈和曲柄销都由钳工锉削修正，若修正量较大则采用第一种方法。

曲轴红套后的机械加工，主要是消除各主轴颈多余的金属和径向圆跳动量，以达到加工技术要求。在车床上进行加工时，工件的装夹和校调方法与整体曲轴主轴颈精加工工艺方法类似。

【拓展知识】

1. 曲轴机械加工定位基准的选择

正确地选择定位基准对保证曲轴加工精度是很重要的，尤其是主轴颈和曲柄销的位置精度。在曲轴加工时，由于各主要工作表面多数是旋转体表面和端平面，故通常以顶尖孔和主轴颈外圆面为定位基准，但是对不同结构和不同毛坯的曲轴，其定位基准的选择和使用是有差异的。

对于小型模锻整体曲轴，其主轴颈、凸缘外圆和端面的加工，都是以顶尖孔为定位基准的，而曲柄销的加工以主轴颈和角度定位销孔为定位基准。

对于中、大型自由锻整体曲轴，其主轴颈、凸缘外圆和端面的粗加工以顶尖孔初定位，然后采用找正安装工件。在以后的工序中以主轴颈和凸缘外圆及端面（或止口外圆和凸缘端面）为定位基准，这时如果继续选用顶尖孔为定位基准，则顶尖孔必须经过修正后才能使用。加工凸缘外圆和端面以及修正顶尖孔时，是以自由端主轴颈和靠近凸缘端的主轴颈外圆作为定位基准的。

对于铸造整体曲轴，主轴颈的粗加工以顶尖孔作为定位基准，有时也可选用凸缘外圆和自由端顶尖孔为定位基准来粗加工各主轴颈和相应的其他表面。这是因为铸造曲轴毛坯的凸缘外圆比较精确。必须指出，用这种方法定位时，粗加工后留给精加工的余量应比用已加工过的凸缘外圆作为定位基准时大些。

曲柄销的粗、精加工，无论是何种毛坯，都以主轴颈、凸缘外圆和端面及曲柄销的轴线为定位基准安装在夹具中，以保证达到曲柄销与主轴颈之间的尺寸和位置精度；而曲柄夹角的角度公差以曲柄销加工专用夹具上的分度装置的分度孔定位来达到要求的。

对于大型组合式曲轴，主轴颈的精加工和曲柄销修正加工是以主轴颈和凸缘外圆为定位基准的。

2. 整体曲轴加工阶段的划分

曲轴的加工一般分为粗加工、半精加工、精加工和光整加工4个阶段。在单件小批量生产中，常把光整加工工序与精加工工序合并进行。考虑到自由锻的整体曲轴毛坯余量很大，且主轴颈绝大多数是多边形的，故在粗加工前可安排荒车阶段，以便先切去大量的金属并及时发现轴颈表面的缺陷。

粗加工的主要目的是去除工件上多余的金属。由于粗加工阶段从毛坯上切下最外一层金属时，内应力的重新分布比较强烈，同时切削力较大，工件变形较严重。为了不影响精加工所要达到的规定精度，在粗、精加工两阶段之间一般插入中间热处理（如回火），消除粗加工中产生的内应力。

半精加工的主要目的是为精加工阶段做准备。有时为了减少工件的装夹次数，将半精加工和精加工阶段合并进行，用多次走刀和控制切削深度来达到加工精度要求。铸造整体曲轴的加工常采用粗车—粗磨—精磨来达到加工精度和粗糙度的要求。实际上粗磨加工也属于半精加工阶段。

3. 整体曲轴的加工工艺过程

曲轴加工通常是从定位基准或画线开始的，然后对各主要表面进行粗加工，接着插入中间热处理。精加工前应修正精加工的定位基准，次要表面的加工（如减轻孔、斜油孔、键槽等）可安排在主要表面加工工序之间，但应以不影响主要表面加工精度和粗糙度的获得为前提，如果轴颈必须光整加工，则应该安排在工艺过程的最后，以免再进行其他工序时破坏轴颈的表面粗糙度。

根据上述分析，中、小型整体曲轴的主要加工顺序基本上是相同的：

画线及加工定位基准（打顶尖孔等）→粗加工主轴颈→曲柄成形（自由锻曲轴）或凸缘螺孔加工→粗加工曲柄销和曲柄臂→粗加工曲轴减轻孔（锻造曲轴）→中间热处理→修正精加工定位基准→精加工主轴颈→精加工曲柄销和曲柄臂→精加工曲轴减轻孔（锻造曲轴）→斜油孔和键槽加工→主轴颈和曲柄销光整加工。

由于生产规模、毛坯不同，曲轴加工的具体工艺顺序是有所不同的。例如，对于中、大型整体曲轴，不论是自由锻造毛坯还是铸造毛坯，在拟订工艺路线时，均应按工序集中的原则，使工序尽量集中，以减少工件在工序间的吊运次数和机床设备的台数。此外应尽量采用专用夹具和专用机床，以提高曲轴加工的精度和生产率。表 2-5-1 列出了小批量生产条件下整体曲轴机械加工工艺过程（材料：35 号钢；毛坯：自由锻造、经正火处理）。

表 2-5-1　整体六曲柄曲轴加工工艺过程

工序号	工序主要内容	定位基准	机床或工作地点
10	毛坯检验，画轴线和加工线	毛坯表面	画线平台
20	打曲轴两端顶尖孔	画线痕	专用机床
30	粗车各主轴颈、曲柄外侧面及凸缘外圆和端面（两次装夹）	顶尖孔	车床
40	画凸缘螺孔线、各轴颈减轻孔轴线及安装曲柄销加工夹具的找正线	主轴颈	画线平台
50	钻凸缘螺孔	画线痕、主轴颈	钻床或专用机床
60	粗加工曲柄销（曲柄成形）和曲柄内侧面、曲柄臂外形	主轴颈、凸缘外圆及端面、划线痕	车床或专用铣床、回转刀架车床
70	钻、镗轴颈减轻孔，热处理	划线痕或主轴颈	镗床或专用机床
80	热处理		热处理车间
90	修正定位基准：两端及中间主轴颈、凸缘外圆	主轴颈及凸缘外圆	车床
100	半精车曲柄销及曲柄内侧面	同工序 60	车床
110	车曲柄臂外形至要求尺寸	同工序 60	车床
120	半精车主轴颈及曲柄外侧面、凸缘外圆和端面（两次装夹）	主轴颈及凸缘外圆	车床
130	精镗减轻孔至要求尺寸	主轴颈	专用机床
140	修正精加工定位基准	同工序 90	车床
150	精车曲柄销及曲柄内侧面至要求尺寸	同工序 60	车床
160	精车主轴颈及曲柄外侧面、凸缘外圆和端面至要求尺寸（两次装夹）	同工序 120	车床

续表

工序号	工序主要内容	定位基准	机床或工作地点
170	精镗凸缘螺孔至要求尺寸	主轴颈	专用机床
180	铣键槽	主轴颈、画线痕	铣床或专用机床
190	钻所有斜油孔和直油孔	主轴颈	专用机床或镗床
200	主轴颈光整加工	主轴颈	专用机床
210	钳工修整：油孔口倒角抛光，去飞边锐角		钳工
220	成品检验		

表中工序 60，若缺乏大型铣床和回转刀架机床，则可将其分成两个工序，即曲柄成形和曲柄销粗加工。工序 90 修正定位基准，在必要时才修正顶尖孔，通常是以顶尖孔为基准修正主轴颈的圆度误差。工序 120 可以安排在工序 100 以前完成，这时也可考虑将工序 120 与工序 90 合并，即在同一工序中先修正定位基准，然后半精车各主轴颈等。若钻凸缘孔和钻镗减轻孔工序采用专用机床，则工序 40（画线工序）可取消。

为了提高曲柄销和主轴颈间的位置精度，保证各主轴颈的径向圆跳动要求，生产实践表明工序 160 需要安排在工序 150 之后，即使主轴颈有光整加工工序，主轴颈加工也以安排在曲柄销精加工之后为好。

工序 200 可以同工序 160 合并。

● 【任务考核表】

评价模块	评价内容	评价等级	综合评价
自我评价（20%）	通过本次任务学习，我学到的知识点和技能点有_____ 不理解的有_____ 我认为在以下方面还需要深化学习，并提升岗位能力：_____		
组内互评（30%）	按时上课，工装齐备，书、笔齐全 安全操作，责任心强，6S 管理规范 学习积极主动，合理使用教学资源，主动帮助他人 接受工作分配，有效沟通，高效完成工作任务		
教师评价（50%）	评语：		

项目 3 柴油机的装配

【项目描述】

柴油机的装配就是在各零部件、总成完成检修和调试后，按照一定的工艺顺序和技术要求装复成整体的过程。装配工作的基本内容主要包括清洗、刮削、平衡、找正、调整、连接、检验、试运转、油漆、包装等。发动机装配质量直接影响发动机的修理质量，因大型低速柴油机的总装工作在车间试验台进行，根据各企业的实际条件，可采用整机装船工艺，或先在车间总装试车后，再拆成零部件送到船上进行装配和安装。在装配时，一般按照先下后上、先内后外、先难后易、先精密后一般的顺序进行。对于大多数大型低速二冲程柴油机，安装工艺流程：机座定位→机架（A字架）安装→气缸体安装→贯穿螺栓安装→活塞组件安装→缸盖安装→扫气箱及增压器安装→各系统、仪表及走台支架安装等。柴油机的总装顺序可以按照图 3-0-1 的流程进行。

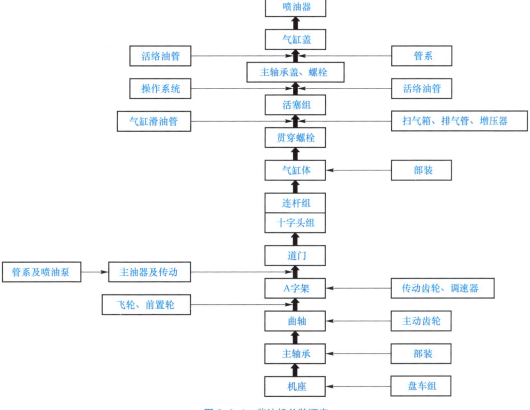

图 3-0-1 柴油机总装顺序

【知识梳理】

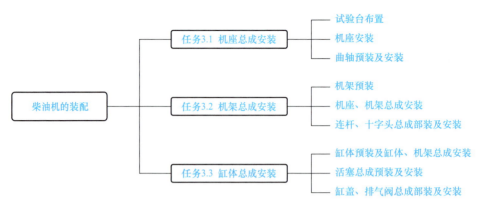

通过本项目的学习，应完成下列学习目标：

一、知识目标

1. 掌握机座总成装配工艺；
2. 掌握机座机架合拢总成装配工艺；
3. 掌握十字头、连杆总成装配工艺；
4. 掌握活塞总成装配工艺；
5. 掌握气缸盖总成装配工艺。

二、能力目标

1. 能够按照正确的工艺流程进行柴油机的装配工作；
2. 能够正确使用安装过程中用到的工量具；
3. 能够正确填写柴油机各部件的安装工艺规程卡。

三、素质目标

1. 具有分析问题、解决问题的能力；
2. 具有沟通能力和团队协作精神；
3. 具有勇于创新、爱岗敬业的优秀品质；
4. 具有质量意识、安全意识和环境保护意识。

任务 3.1　机座总成安装

【学习任务单】

学习领域	船舶柴油机装配与调试	参考学时
项目 3	柴油机的装配	24
任务 3.1	机座总成安装	8

续表

学习领域	船舶柴油机装配与调试	参考学时
学习目标	1. 掌握机座的结构组成； 2. 熟悉机座装配工作的主要内容； 3. 能正确填写机座安装工艺规程卡； 4. 能正确使用安装过程中用到的工量具。	

一、任务描述

机座是整台柴油机的安装基础，其安装质量的好坏不仅直接关系整台柴油机的运行质量，还影响船舶的航行性能。机座总成的安装是船舶动力工程技术人员必须掌握的专业技能之一。

二、任务实施

1. 在教师指导下，组建小组，每组 10 人，并确定组长；

2. 按任务工单进行任务分解和资料学习，做好任务分工并进行记录；

3. 了解二冲程柴油机机座总成装配的主要内容及装配工艺，能够正确填写机座安装工艺规程卡；

4. 小组经过讨论确定任务结果，每小组由中心发言人进行成果展示，经过全体同学讨论，确定正确结果；

5. 检查总结。

三、相关资源

教材、教学课件、图片、柴油机安装说明书、网络与图书馆资源、二冲程柴油机实训仿真软件。

四、教学要求

1. 认真进行课前预习，充分利用教学资源；

2. 充分发挥团队合作精神，正确完成工作任务；

3. 团队之间相互学习，相互借鉴，提高学习效率。

● 【背景知识】

机座位于柴油机的下部，是整台柴油机安装的基础，柴油机靠它安装到船体的基座上。机座结构组成，如图 3-1-1 所示。机座下平面主要用于装配过程中与水平地面接触或者柴油机装船时与船体基座相连接，对柴油机的整体起到支撑作用；油底壳大多用于收集柴油机循环下来的润滑油；机座上平面与柴油机机架相连接；除此之外，地脚螺栓主要起到固定柴油机与船舶基座的作用；机座水平调整螺栓则是用来调整机座的水平位置。

机座不仅是主轴承及曲轴安装的依据，而且是曲轴箱下半空间及润滑油回流汇集空间，机座除承受机件重力、气体力及惯性力作用外，还直接受到因风浪等因素致使船体变形带来的拉伸、弯曲及扭曲等额外的应力作用。为此，机座必须具有足够的刚性及强度，以免机座变形造成曲轴挠曲变形以及活塞、曲柄连杆机构与气缸的位置精度变低而发生机件异常等事故。

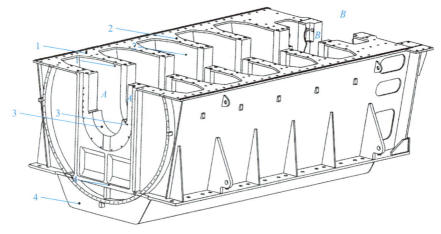

图 3-1-1　机座结构组成

1—纵梁；2—横梁；3—主轴承座；4—油底壳；A—自由端；B—动力输出端

1. 机座安装定位

机座的定位与安装是柴油机在船上安装的关键，其安装质量的好坏不仅直接影响整台柴油机的质量和可靠运转，还直接影响船舶推进系统的质量和可靠性。

（1）机座定位。在机座未吊入机舱之前，基座面板上的固定垫片以及螺孔位置应按拉线法或样板法定位，并采用机械钻孔或火焰切割的方法进行加工。切割基座上的螺栓孔，要先在螺孔圆线内侧钻（或割孔）一个 $\phi 8 \sim \phi 10$ mm 的小孔，再将割孔机的定位顶针对准螺孔圆中心，调整割炬与钢板的距离约为 10 mm，切割后的圆孔表面粗糙度可达到 3.2 μm。固定垫片是预先钻好孔以后，再焊接到基座上去的，焊接时将垫片圆孔对准基座上的螺栓孔且保持向外倾斜，焊后用平板及风砂轮机研磨上平面至要求范围。将机座吊入机舱，利用机座上的螺栓孔，用 4 根导滑杆作为引导对准基座螺栓孔，使主机平稳又准确地就位于基座临时木垫上。主机底部用楔形调位工具、两侧用油压千斤顶调整机座高低和左右位置。

（2）机座上平面的平直度检验。用扫描光学直角仪进行平面平直度的检验，如图 3-1-2 所示。仪器放置在机座上平面一侧的中间位置，将 3 个基准光靶中的两个分别安放在机座上平面的两角，一个放在其中间位置与仪器相对的另一侧（图中半圆位置），以这 3 个光靶为依据，调整仪器的底脚螺钉，直至仪器与机座上平面中这 3 点所决定的平面保持垂直为止，即望远镜中十字线均在这 3 个基准光靶的中间位置。3 点决定一平面，此平面即为基准平面。此时仪器就不再允许移动位置和拧动底脚螺钉，即可对机座上平面进行测量。测量时，将光靶分别放置在机座上平面需要测量的各点上，调整光学望远镜的焦距，使其十字线与测量点光靶清晰，此时十字线若不在光靶的中间位置，则表示被测量的该点与基准平面有偏差，旋动五棱镜的调节器，当十字线在光靶的中间位置时，调节器上的读数便为平面偏差值，偏差有正有负，正的表示被测量点高出基准平面，负的表示低于基准平面。在需要测量的各点全部测量完毕之后，应复测一次仪器中的十字线是否仍在 3 个基准光靶的中间位置，若仍在中间位置，说明测量正确，由测得数值便可知机座上平面的弯曲和扭曲情况，若不在中间位置，则应找出原因并消除，再次进行测量。

机座在车间试验台上或在船体基座上安装调位符合要求后，即可安装主轴承和曲轴。

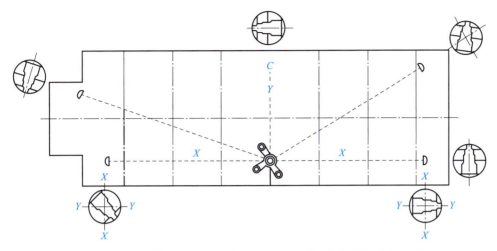

图 3-1-2　用扫描光学直角仪测量 6ESDZ76/160 柴油机机座上平面俯视图

2. 主轴承和曲轴在机座上的安装

工艺流程：机座上平面的平直性、主轴承座孔轴心线与机座上平面的平行性和各主轴承座孔的同轴性都达到要求→主轴承下轴瓦与主轴承座孔的拂配及上轴瓦与主轴承盖孔的拂配→安装全部主轴承下轴瓦→用假轴或曲轴本身作为基准件拂刮主轴承下轴瓦→测量曲轴臂距差，调整曲轴轴心线状况→测量各主轴承下轴瓦厚度→安装曲轴，测量各主轴颈跳动量和桥规值→用假轴或曲轴本身作为基准件拂刮主轴承上轴瓦→调整和测量主轴承径向间隙→安装主轴承上轴瓦和主轴承盖→调整和测量主轴承轴向间隙→主轴承的磨合运转。

（1）曲轴的吊运和安放。 曲轴起吊前应拆去其上的飞轮。飞轮在拆卸时应在曲轴法兰外圆上和飞轮上分别打上相对位置记号。曲轴起吊前，应在曲轴各曲柄销上用破布或木条包扎好，防止起吊时碰伤。在曲轴系钢丝绳处也应用破布包扎好，以免钢丝绳擦伤表面。必须正确捆扎曲轴，以防止挠曲而产生变形，钢丝绳与轴颈捆扎处，用硬木条围住，用帆布扎紧，外面再用钢质半圆夹箍夹紧，吊运钢丝裹紧在夹箍外。为了增加曲轴起吊时的刚性，减少起吊时的变形，在曲轴每个曲柄的两个曲柄臂之间加装一副支撑铁。曲轴上各轴颈油孔应用破布堵塞，防止脏物落入。

曲轴安放到主轴承上之前，应仔细清理主轴颈和曲柄销及其油孔，并用压缩空气吹通油孔，然后在各主轴颈上涂上润滑油，将它安放在主轴承上。安装后解除钢丝绳、破布或木条，拆去支撑铁，做最后一次清理，然后测量一次臂距差和主轴颈跳动量并做记录。

在机座定位时，在与船体变形的相反方向调整曲轴臂距差，从而使曲轴在船舶重载航行时获得良好的技术状态。首先研配对臂距差值影响大的主轴承附近垫片并钻孔紧固，然后按顺序研配其他垫片。用液压拉伸器来紧固的，其紧固油压应按主机说明书规定值进行，通常为 $5 \times 10^7 \sim 5.5 \times 10^7$ Pa，拆卸油压力为 6×10^7 Pa，拉伸器紧固螺栓应按规定顺序对称地由中间部位向两端分批进行，以免因螺栓紧固不均匀而使机座产生变形，如图 3-1-3 所示。

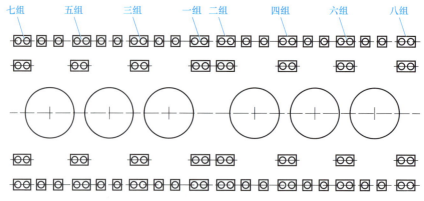

图 3-1-3 机座螺栓紧固顺序

螺栓紧固后,对机座平面的不平度、曲轴臂距差值以及曲轴与轴系中心线的对中情况进行复测,如符合规定范围,则机座校中工作宣告结束。

(2) 曲轴臂距差和主轴颈下沉量的测量及调整。

1) 曲轴臂距差。在安装时,曲轴的臂距差必须严格控制在规定范围内。以图 3-1-4 所示的图表作为参考。

图中:Ⅰ线左方表示安装良好;Ⅱ线左方表示安装合格;Ⅲ线左方表示船舶航行中的许可范围,并建议重新安装;Ⅲ线右方表示不合格,必须调整。

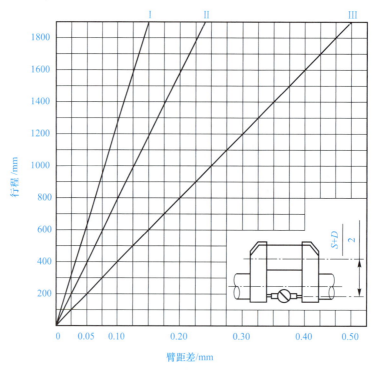

图 3-1-4 臂距差允许值图表

2) 主轴颈下沉量测定。将桥规紧压在主轴承的检验平面上,用塞尺测量桥规与主轴颈之间的间隙 a,将所得数值与前一次测量记录(或出厂时的数值)加以比较,即可得知该轴颈的下沉量,如图 3-1-5 所示。

测量时，应在轴颈前后端各测量一次，取其平均值，如果只测一个数值，则应把桥规放在轴颈中部。

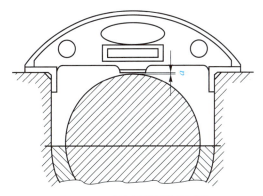

图 3-1-5　桥规测量轴承下沉量

3）分析、判断和调整。若测得的臂距差和桥规测量所得主轴承下沉量的变化趋向一致，则说明轴线的挠曲是由于主轴承本身中心线不同所致。若两者有矛盾，则说明机座发生变形。因为当机座变形时，各轴颈的桥规值是不变的。所以在测量臂距之前应首先检查机座的不平度和机架接合处有无松动。

● 【任务实施】

大型低速柴油机的总装工作在车间试验台进行，根据各企业的实际条件，可采用整机装船工艺，或先在车间总装试车后，再拆成零部件送到船上进行装配和安装。在装配时，一般按照先下后上、先内后外、先难后易、先精密后一般的顺序进行。大多数大型低速二冲程柴油机机座总成的安装工作可以按照以下步骤进行。

3.1.1　试验台布置

机座安装前，要对试验台公共底座即台架进行布置，并检查其平面度是否符合要求，具体操作如下：

（1）在试车台上按机座底脚螺栓孔中心距放好铁凳，上紧铁凳与铁轨的连接螺栓。

（2）在台架的上平面放测量水碗，用深度千分尺及托架测定各水碗的水平面，以此来测定台架上平面是否在同一水平面内，并对台架纵向和横向的平面进行调整。允许在台架的底部垫以垫片，在所有底脚螺栓被拧紧之后，台架水平面的纵向直线度、横向直线度偏差均符合要求。

3.1.2　机座安装

1．机座基础座布置

（1）机座基础座布置工艺过程如下：

1）根据试验台布置图所给定的台位和数据，将基础座吊入试验台。

2）按照试验台布置图，调整两基础座 T 形槽中心线与试验台中心线的距离。

3）用铜皮垫粗调基础座上平面的水平度。

4）按照试验台布置图上给定的位置和数量，在基础座上布置机座定位块、机座固定螺栓下螺母和调整垫。如果船上底座为铸铁，则机座底平面有斜度，应采用楔形调整垫。如果船上底座为环氧树脂，则机座底平面没有斜度，应采用平垫。

5）拧紧基础座地脚螺栓，如果采用拉伸螺栓，应根据图纸要求用液压拉伸器拉紧。

6）按照试验台布置图将回油槽放入试验台。在安装回流导流罩时，回流导流罩要有足够的长度，以便回油槽回油液位高于导流罩端部。

7）根据试验台布置图用弯管连接回油槽和试验台回油管。

（2）水测基础座布置。

1）根据试验台布置图，将水测基础座吊入试验台，注意水测基础座的高度，必要时可以加垫调整。

2）以机座中心线为基准拉一钢丝线，以钢丝线为基准，调整两水测基础座间的距离。需要注意的是，水测基础座中心线与机座基础座中心线是一致的。

3）拧紧水测基础座与试验台的连接螺栓，如果使用拉伸螺栓，应根据布置图要求用拉伸器拉紧螺栓。

2. 机座校水平

在柴油机制造过程中，低速机一般都是分段组装的，最后将组装好的分段进行总装，机座在装配过程中最重要的就是找水平。

（1）机座清洁。在机座上试验台之后，应精整清洁。

（2）机座在试验台上的定位。机座除毛刺、清扫，然后将机座安装在调整垫上。机座在基础座上定位时，纵向以定位块定位，必须使用两块定位块，按照试验台布置图校核定位块在试验台上的位置尺寸；横向则以基础座 T 形槽中心线为准。

（3）机座校水平。当机座吊上台架后，经初步定位，确定好固定位置，然后进行以下的测量检查工作。

将平尺和电子水平仪座放在机座上平面，检查机座水平度。机座定位安装必须保证机座上平面的平直，以保证机架、气缸体安装的正确性。机座地脚螺栓均匀上紧后，机座上平面的平面度应与台架安装时平面度基本相符，一般横向直线度应不大于 0.05 mm/m，纵向直线度应不大于 0.03 mm/m，机座全平面内平面度应不大于 0.10 mm。在将机座的各方位水平找准以后，用塞尺检查找准后的机座水平是否满足装配工艺的技术要求，在确认已满足技术要求以后，将机座提交给质量检测部，在质量检测部验收合格的情况下，将机座的边角螺栓泵紧。待机座各角螺栓泵紧以后，再用塞尺检查各平面的间隙是否在误差范围以内。

3. 机座总成装配

机座总成装配工艺工序内容如下：

（1）清理瓦座。清洁机座主轴承受台、主轴承压瓦工装螺孔及主轴承丝对。

（2）丝对安装。旋入丝对，丝对旋入端涂二硫化钼，检查各丝对露出量，若偏差超过规定长度（一般为 3 mm），需进一步检查。

（3）安装主轴承下瓦。检查轴瓦外观质量及标记，清洁主轴承座，在下瓦瓦背涂一层薄滑油，然后安装下瓦，并安装压瓦工装，在上下瓦的前端面打钢印。

（4）清理减振器。检查并清洁安装接触面，除毛刺并清洁减振器上、下半壳体，清理油道。

（5）检查零件。按图纸仔细检查油封槽内部、槽的圆角和倒角及表面粗糙度，封堵油孔。

（6）油封搭口间隙。检查减振器油封的搭口间隙和突起尺寸是否符合规定的公差要求，必要时修理油封。

（7）减振器组装。在上半壳体上安装节流片4组，拧紧螺栓并用止动垫锁死，螺栓上紧力矩应满足规定要求。

（8）连接上下壳体。用木方支撑固定下半壳体并安装丝对，安装上半壳体并拧紧螺母，然后将减振器整体吊装至机座自由端减振器定位槽里，对称上紧减振器与机座螺栓。

（9）轴向减振器找正。以1#主轴承孔为基准，检查、调整中心孔与1#主轴承中心同心并保证四周的间隙符合要求，然后上紧螺栓，注意加止动垫、钻销。

（10）刮油环壳体找正。在机座输出端安装刮油环壳体总成并找正，在下半壳体钻配定位销孔，密封面涂密封胶，上紧螺栓，拆除上半壳体以备曲轴吊装。

（11）曲轴安装。

1）拆除压瓦工装，将主轴承上瓦吊起安装到机座内，并在瓦背均匀涂抹滑油；

2）在机座燃油侧中间体上安装定位销；

3）在主轴承下瓦均匀涂抹润滑脂，检查核实曲轴吊点并将曲轴及其附件缓慢吊入机座，并抽出曲轴吊具。

（12）安装瓦盖。检查并清洁主轴承上瓦及瓦盖，利用主轴承盖吊具，将上瓦及主轴承盖安装到位并上紧，将减振器上半壳体上紧；利用封堵将主轴承油孔封堵，防止杂物掉入。

（13）安装盘车机。

1）盘车机拆箱，清洁并检查有无明显缺陷，精整底座平面及垫片；

2）将盘车机吊装到盘车机座上，加垫片并稍微上紧固定螺栓，将盘车机旋到脱开位置，电工接临时线。

（14）盘车机间隙调整。啮合盘车机，调整盘车机的位置及双齿中心对齐，使其满足盘车机与飞轮齿间隙，用色油法检查，要求齿面着色痕迹平行，着色面积不小于75%；单个齿间隙相差一般不大于0.5 mm，盘车机间隙调整，如图3-1-6所示。

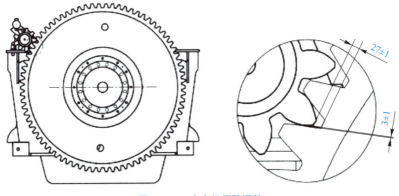

图3-1-6　盘车机间隙调整

（15）盘车机定位。上紧盘车机固定螺栓，现场钻配锥形销孔并安装锥形销。

（16）吊装推力块。在推力块白合金面涂滑油，将正倒车推力块利用随机工具装入座圈，有测量孔的推力块放在正车第一块，装配前检查螺纹与传感器螺纹相同，安装推力块压盖并上紧螺栓。

（17）检查尺寸。检查以下尺寸：曲轴串量、主轴承间隙、推力块压盖与推力块间隙。其中，曲轴串量、静态臂距差需要交验。

机座总成装配工艺规程卡，见表 3-1-1。

表 3-1-1　机座装配工艺规程

总装制造部装配工艺规程		机型		工序卡编号	
		工艺名称	机座总成装配	工位	
		参考图纸		参考标准	
装配附图	工序	工序名称	工序内容	工具/工装	工时/h
	1	清理瓦座			
	2	丝对安装			
	3	安装主轴承下瓦			
	4	清理减振器			
	5	检查零件			
	6	油封搭口间隙			
	7	减振器组装			
	8	连接上下壳体			
	9	轴向减振器找正			
	10	刮油环壳体找正			
	11	曲轴安装			
	12	安装瓦盖			
	13	安装盘车机			
	14	盘车机间隙调整			
	15	盘车机定位			
	16	吊装推力块			
	17	检查尺寸			
修改日期	修改审核	编制（日期）	校对（日期）	审核（日期）	批准（日期）

4. 主轴承安装

主轴承的安装工艺如下：

（1）安装主轴承螺栓。

1）清扫机座上的螺纹孔。

2）在螺纹上涂二硫化钼，安装螺栓。

3）根据图纸要求，用力矩扳手拧紧螺栓，并检查主轴承螺栓的高度。

4）检查螺栓与机座中间体的最短距离，以确认主轴承螺栓液压拉伸器能否装下。

（2）主轴承瓦的选配（适用白合金瓦）。

1）测量主轴瓦下瓦的厚度，测量前后两点，记录数据，并把下瓦瓦厚尺寸打印在下瓦边缘中心处。

2）根据受台深度、主轴承下瓦厚度尺寸及曲轴主轴颈直径尺寸，适配主轴承下瓦。选瓦时应尽量保证曲轴轴线中间低，两头翘起，从而使曲轴臂距差呈下叉口。

3）在上瓦和下瓦的凸轮轴侧前面标记瓦号，最"前"端开始为"1"，以后各瓦按顺序排列。

（3）下瓦安装。

1）检查主轴瓦座表面，除毛刺。

2）瓦座表面涂上一层均匀的薄薄的蓝油。

3）检查下瓦，除毛刺，然后吊起清扫，将下瓦安装到瓦座里。一般情况下，瓦座和瓦背之间间隙不得超过 0.05 mm。

4）吊起下瓦，检查瓦背着色情况。

5）清扫下瓦和瓦座。

6）在瓦背上涂薄薄一层滑油。

7）在瓦座上安装下瓦。

8）重复上述过程，安装所有下瓦。

（4）主轴承内径的测量和调整。

1）在下瓦口处安装瓦口垫，瓦口垫厚度一般由工艺员给出。

2）装配主轴承瓦盖及上瓦，使用瓦盖吊具（车间工装）；把瓦盖和上瓦吊装到机座内。第一块轴承盖和最后 3 块轴承盖与其他轴承盖有差异（端面有螺孔）。

3）测量机座上平面至主轴承瓦盖两肩的距离，要求大致相同。用液压拉伸器拉紧主轴承螺栓，螺纹部分涂二硫化钼。液压拉紧步骤：首先在前一对主轴承螺栓上加压至规定压力一半左右，然后在后一对螺栓上加压至规定压力，最后在前一对螺栓上加压至规定压力，这样做的目的是防止将瓦压扁。

4）测量主轴承内径，测量前后两点，记录数据。如有必要，通过增减垫片的方法调整主轴承间隙，此时要保证间隙等于图纸要求最大值。

5）拆下主轴承盖及上瓦，做好研磨准备。

6）在主轴承盖的凸轮轴侧做位置号标记，从"前端"开始为"1"，以后各瓦盖按顺序排列，详细标记方法参见工艺文件。

3.1.3 曲轴预装及安装

曲轴一般是外购件，图 3-1-7 所示为 ME 型柴油机曲轴总成结构。在曲轴上还装有轻、重飞轮，定时齿轮和平衡重等。ME 型柴油机的曲轴总成结构与 Wärtsilä 柴油机的曲轴最主要的区别在于 ME 型柴油机的曲轴上装的是链轮而不是齿轮。

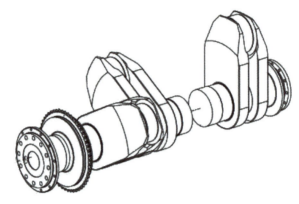

图 3-1-7 柴油机曲轴总成

1．曲轴组件预装

（1）曲轴的清洗。

1）曲轴解封。

2）用柴油浸泡曲轴表面，将曲轴清洁干净。清洗时，主轴颈、曲柄轴颈、推力盘等表面粗糙度要求高的表面不得被硬物划伤。

（2）曲轴总成预装的主要工作内容。

1）正时齿轮或链轮安装。

2）飞轮安装。

3）平衡重安装等。

（3）曲轴总成预装的工艺过程。

1）正时齿轮或链轮的安装。

①将输出端飞轮拆下。

②将曲轴齿轮装到曲轴上，注意齿轮的输出端标记朝外。

③用 4 根工艺螺栓将曲轴齿轮固定，并检查贴合面无间隙，径向方向间隙应均等。

④待曲轴齿轮与曲轴完全冷却后，检查两者径向方向四周应无间隙。

⑤如图 3-1-8 所示，在螺栓的螺纹处涂胶粘剂后，装入曲轴齿轮与曲轴的连接孔，装上定距套、螺母，并按规定的力矩拧紧。

2）飞轮的安装。装好曲轴齿轮以后，即可将拆下的输出端飞轮重新安装好，其安装过程如下：

①将飞轮吊装到曲轴飞轮端，注意飞轮上的标记要与曲轴上的标记对准，用工艺螺栓将飞轮与曲轴连接起来。

②如图 3-1-9 所示，按曲轴与铰制螺栓的配对号，将紧配螺栓装入曲轴孔，按规定的力矩拧紧螺母，穿入开口销并保险。

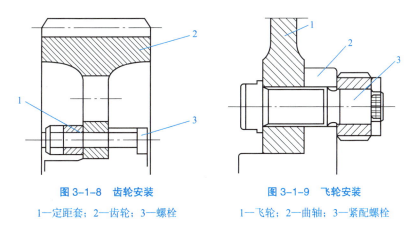

图 3-1-8 齿轮安装　　　　　　图 3-1-9 飞轮安装
1—定距套；2—齿轮；3—螺栓　　1—飞轮；2—曲轴；3—紧配螺栓

③在其余的螺栓孔内穿入连接螺栓，按规定的力矩拧紧开槽螺母，穿开口销并保险。

3）平衡重的安装。曲轴装上平衡重，主要是为了保证柴油机的平衡性能，平衡重安装过程如下：

①按正车方向，将曲轴第1缸曲柄臂转至上止点后规定的位置。

②吊起平衡重，用工艺螺栓将平衡重与曲轴连接起来，拧紧螺栓与螺母。

③检查平衡重内圆与曲轴贴合面应无间隙。

④按曲轴与铰制螺栓的配对号，在曲轴孔内装入紧配螺栓，按规定的力矩拧紧开槽螺母，穿入开口销并保险。

2．曲轴组件总装

（1）曲轴的安装。

1）曲轴安装的主要技术要求。

①曲轴主轴颈与主轴瓦配合面的着色检查，要求径向 45°~60° 范围，轴向 85% 以上着色均匀；

②曲轴的臂距差要求各档均 ≤ 0.3 mm，其中厂内控制中间各档更为严格。

2）曲轴的安装工艺。曲轴安装时，首先应根据机座的主轴承座孔深度选配轴瓦，然后压瓦检查轴瓦背面与主轴承孔的贴合情况及轴瓦内孔直径符合要求后，方可进行曲轴的安装工作。柴油机曲轴的安装过程如下：

①曲轴着色检查。根据机座的主轴承座面深度值选配轴瓦，将机座主轴承座清理干净，按顺序号将主轴承下瓦安装到位，并用止动螺钉固定。

将曲轴组件（曲轴、传动齿轮、飞轮、推力轴）平行地平稳吊起，在各道主轴颈及推力轴轴颈上涂一层薄薄的色油，继续平行地吊高曲轴组件，缓慢小心地将其吊入机座主轴承下瓦。

转动曲轴1~2周，吊出曲轴，检查轴承瓦面及瓦背色油，应符合要求。

②曲轴定位安装。

a. 清洗各轴瓦瓦面及瓦背的色油，将主轴承下瓦按钢号顺序装入机座各档；

b. 清洗曲轴轴面，在机座各档主轴瓦上加入高黏度的润滑油，将曲轴吊装入机座；

c. 将主轴承上瓦按钢号装至主轴承盖上，并按钢号将主轴承盖装至相应各档；

d. 按工艺规定的压力值泵紧主轴承，泵至规定压力；

e. 用专用长塞尺检查主轴承间隙应符合规定值；

f. 用框形水平仪或专用测平仪测量主轴颈和曲柄销的水平状况；

g. 如图 3-1-10 所示，将划针盘及百分表放在主轴颈的最高点，缓慢转动曲轴，检查曲轴旋转一周，百分表读数的变化值，其最大值与最小值的差值便是主轴颈的跳动值。每道主轴颈必须测量前、中、后三个截面上的跳动值，其跳动量应符合要求；

h. 装好臂距表，缓慢转动曲轴一周，检查每个曲柄的臂距差应符合要求；

i. 每道主轴颈的首尾两点，用专用的桥规测取桥规值，该值代表了主轴颈的下沉量，做好记录。

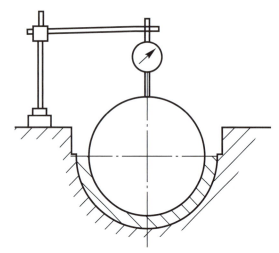

图 3-1-10　曲轴在机座内主轴颈跳动测量

3）推力轴承的安装过程如下：

①准备工作。推力轴承压盖紧固螺栓旋入机座，螺纹涂二硫化钼，旋入力矩查阅图纸，此工作与主轴承螺栓安装一并进行。以带热电偶安装螺孔的推力块厚度为基准，选择正车推力块和倒车推力块，允许厚度差满足规定要求。

②推力托盘长度检查。将正、倒车推力块装入相应的推力托盘，正、倒车推力托盘可以任意选定。

③用塞尺检查推力块之间的接触情况。测量推力托盘与推力块的长度差，并做记录。在推力托盘上安装喷射管和螺栓，并用铁丝锁紧，用堵头堵塞管的进口，防止污染。

④打印标记。在推力托盘凸轮轴侧端面打印标记，正车托盘打标记"AH"，倒车托盘打标记"AS"。在推力块凸轮轴侧面打印标记，推力块编号顺序从凸轮轴侧至排气侧，正车推力块依次为 AH_1、AH_2、AH_3、……、AH_n，倒车推力块为 AS_1、AS_2、AS_3、……、AS_n。

⑤推力轴承安装。曲轴总装前，正、倒车推力盘清洗干净，装入推力挡。曲轴装入机座内后，正、倒车推力块清洗干净，涂滑油，按打印的编号安装到位。

⑥安装推力轴承压盖。

a. 清扫机座表面、压盖，并除毛刺。

b. 在正车、倒车平面压盖上平面打标记。

c. 安装压盖，用拉伸器上紧螺栓。

d. 检查推力块和压盖之间的间隙、推力托盘和压盖之间的间隙，并做记录。

e. 重新安装压盖，检查间隙，并做记录。

f. 安装防尘片。

g. 检查各曲柄臂与主轴承轴瓦端面的距离。

（2）推力轴承安装。由于柴油机工作时温度升高，曲轴会伸长，应使曲轴有自由伸长的余地，即要有适当的轴向间隙。现代大型低速柴油机多用作船舶主机，采用直接传动方式。为保证适当的轴向间隙，并承受轴向推力及限制曲轴轴向串动，一般装有推力轴承或止推轴承。大型低速柴油机的推力轴承主要包括正车推力块、倒车推力块和止动架。推力轴承的关键部件是推力块，推力块的结构随机型的不同而有所不同。

推力轴承的安装过程如下：

1）纵向调整曲轴，使各档曲柄臂处于机座中心位置，同时检查曲轴推力环与壳体的相对位置，以及曲轴减振环与自由端减振器壳体中环槽的间隙应符合要求，若不符则应调整。

2）测量机座推力座面至曲轴推力环工作面距离，正车"A"，倒车"F"。

3）根据机型确定推力块厚度：

$$正车推力块厚度 \delta a = A-H;$$
$$倒车推力块厚度 \delta f = F-(H+\delta)$$

式中，H 为推力盘厚度，δ 为推力间隙。

4）将加工好的推力块敲好钢印标记后，清洗干净。在推力块白合金面涂滑油，将正、倒车推力块利用随机工具装入座圈，有测量孔的推力块放在正车第一块的位置，装配前检查螺纹与传感器螺纹应相同，安装推力块压盖并上紧螺栓。在曲轴轴向装百分表，轴向窜动曲轴，确认推力间隙符合规定值，测量方法如图 3-1-11 所示。

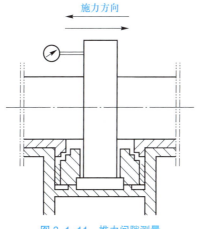

图 3-1-11　推力间隙测量

5）装止动架，安装过程如下：

①将止动架清洗干净，吊装到机座上，用定距管、螺栓将止动架固定，检查止动架与机座贴合情况，要求无间隙；

②测量止动架与推力块的间隙是否符合要求，如不符合间隙要求，则加工止动架；

③待止动架与推力块间隙符合要求之后，将螺栓拆出，涂上液态粘合剂后，再装入机座；

④在止动架上打上标记，燃油侧"F"，排气侧"E"；

6）装好喷管及润滑管路。

7）用螺栓在曲轴链轮的挡肩上装好推力块保护板。

（3）轴向减振器安装。

1）轴向减振器部件准备。

①检查机座与轴向减振器接触表面。

②清扫减振器上、下壳体的毛刺。

③仔细检查油槽的内部、油槽的倒角以及表面粗糙度与图纸完全一致。

2）轴向减振器上下半壳体组装。

①在上半壳体上安装节流体，安装时应仔细查阅图纸，注意安装数量、厚度和顺序，螺栓拧紧、锁死。

②旋入上下半壳体连接用的双头螺栓到下半壳体螺孔，上紧螺母。

3）轴向减振器壳体找正。

①在机座上安装轴向减振器上下壳体。

②以第一道主轴瓦为基准对下半壳体进行找正，注意：第一道主轴承瓦盖在量完米字码后不可松开，以此作为轴向减振器找正基准。要求：下半壳体内孔最低点低于轴承瓦内表面。

③拧紧下半壳体紧固螺栓，将其固定在机座上。

④检查轴向减振器上半壳体螺栓是否能安装在机座内。

⑤以下半壳体销孔为基准，钻两个定位销孔，铣孔，安装定位销。

⑥移走上半壳体，曲轴在机座内安装，安装推力块，安装减振器密封材料及弹簧，再安装上半壳体。

⑦上紧上下壳体连接双头螺栓。

⑧旋入上下半壳体连接螺栓。

⑨用液压拉伸器拉紧螺栓。

⑩上紧上半壳体与机座中间体连接螺栓。

⑪如果定购了 AV 监测仪，准备 AV 监测仪电线接线端，调整探头与曲轴自由端联轴节的间隙。

【拓展知识】

船舶柴油机总装后，经启动能否进入正常工况，主要取决于柴油机各系统能否协调动作。若各个系统配合不协调，柴油机就不能正常工作。

为了保证柴油机的正常运转，就必须在全机装配时对各个系统进行精细的调整。

柴油机的调整主要是指对零部件之间的配合间隙、连接和定时（进/排气定时、启动定时、喷油定时等）的调整。调整大多与装配工作同时进行，也有些调整是在试车时或试车后进行的。

船舶柴油机的种类较多，但它们的主要零部件的调整方法大多是一致的。

1. 主机基座加工检验

船舶柴油主机的基座要承受柴油主机的全部重量。除此之外，它还要承受柴油主机运转时运动部件所产生的不平衡的惯性力和反作用力矩所引起的力,以及船舶运行中(如摇摆时)所产生的柴油主机倾倒的力。因此,基座应具有足够的刚性和强度。

中小型柴油机的基座通常是钢板焊接结构件,焊接在船体双层底上;大型柴油机基座,通常依靠双层底结构作为基座。

(1)检验前应具备的条件。

1)基座使用的材料应有船检证书;

2)基座的安装、焊接质量已符合规定的技术要求。

(2)检验内容和方法。

1)接触检验。

①将小平板放到基座的面板上,用0.05 mm的塞尺进行检验,一般不应插入,但局部允许插入,其深度不大于10 mm。用0.10 mm塞尺检验,不应插入。

②在平板上涂上一层薄薄的色油,然后放到面板上来回拖动,平板拿掉后检验面板上的色油点,要求在每(25×25) mm^2 面积内不少于3点,接触面积大于75%。

2)基座面板倾斜度检验。将直尺横放在基座上,用塞尺检查直尺与面板之间倾斜度。倾斜度通常应小于1∶100,且要求向外倾斜,便于配制垫片。

3)螺栓孔质量检验。

①用内径千分尺或量缸表检验螺栓孔直径,要求圆柱度和圆度符合图纸要求。

②螺栓孔的表面粗糙度应符合图样要求。

2. 主机机座安装检验

(1)检验前应具备的条件。机座须有验船部门的合格证书和钢印。

(2)检验内容和方法。

1)机座平面度检验。机座平面度的检验方法有许多种,通常,工厂采用何种方法施工,检验时就采用与这种施工方法相应的检验方法。现将几种常用的方法介绍如下:

①拉钢丝检验法。如图3-1-12所示,在机座平面的一定高度处,拉4根钢丝L_1、L_2、L_3、L_4。钢丝直径一般为$\phi 0.3 \sim \phi 1.00$ mm,拉力为钢丝拉断力的70%~80%。

检验机座平面平面度时,测量L_1、L_2、L_3、L_4 4根钢丝至机座平面的距离,以确定机座平面的平面度。

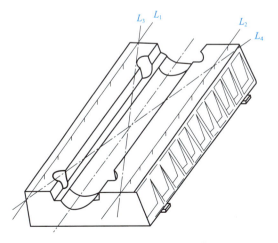

图3-1-12 拉钢丝检验法示意

采用拉钢丝法检验，须将钢丝在自重作用下的挠度考虑在内。

②照光检验法。机座平面的平面度检查，通常采用扫描光学直角仪，其内部的基准十字线可由左右两只调节器进行调整。

在测量机座上平面平面度时，首先用3个基准光靶作为目标，以确定一个准确度相当高的基准平面，然后将其余的光靶放到被测量的检验点上进行测量，如图3-1-13所示。

将各个被测量点上所测得的数值与基准平面的值进行比较，即可得出机座整个平面的平面度。

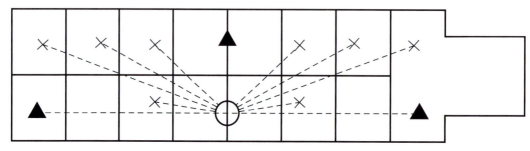

图3-1-13　照光法检验机座平面度

〇—扫描光学直角仪　▲—基准光靶　×—测量检验点

在机座平面上置两个水槽，用连通管将两边连通，配置千分尺测量平面度偏差，如图3-1-14所示。

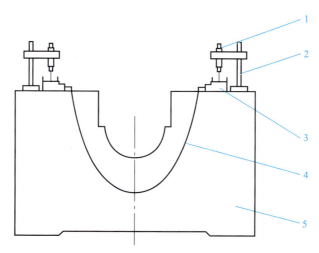

图3-1-14　水准面检验法示意

1—千分尺及测针；2—测量支架；3—水槽；4—连通管；5—机座

2）机座平面平面度的检验要求。

①图样和技术文件有要求的，应按规定要求进行检验。

②柴油机制造厂有规定的，则应按制造厂规定的要求执行。例如MAN-B&W 5L70MC/MCE主机制造厂规定的要求：机座平面纵向偏差不大于0.15 mm，横向不大于0.05 mm，相邻两点偏差不大于0.03 mm。

③若图纸和工艺文件无规定，制造厂也没有要求，则可参照表3-1-2所列的公差要求进行检验。

表 3-1-2　机座平面度公差要求　　　　　　　　　　　　　　　　　　　　　mm

在 1 m 长度内		机座全长	
纵向	横向	<8 m	≥ 8 m
0.05	0.04	0.10	0.14

3）检验机座平面平面度时的注意事项。在测量机座平面平面度时，须考虑机座垫板厚度，钢垫板厚度为 15~25 mm，铁垫板厚度不小于 25 mm。如果太厚或太薄，则应重新调整整个轴系的中心线（包括柴油机轴心线）的高度位置。

将机座上的螺栓孔引申到基座上，钻孔时应注意基座下面是否有肘板或其他结构件，否则事先应采取措施，并做好修补工作。

应仔细检验机座平面表面质量，并督促做好防护工作。

3. 曲轴安装检验

曲轴是柴油主机最重要的部件，其结构形状复杂（呈弯曲状），且有一定的长度，刚性较差。此外，曲轴工作时的受力情况较为复杂，须承受较大的弯曲力和扭矩。因此，工厂、验船师和船东非常关注曲轴的制造及安装质量，都要到现场参加检验。

（1）检验前应具备的条件。

1）必须有验船部门的钢印和证书；

2）必须有制造厂的测量记录。

（2）检查内容和方法。

1）曲轴吊装前的外观检验。

①用视觉检验清洁度，曲轴表面应无垃圾、油污和拉毛起线等缺陷。

②油孔应清洁，并采取保护措施，以免杂物、垃圾落入。

2）主轴颈与主轴承检验。

①检验主轴承下块轴承与机座轴承座孔接触。在机座轴承座孔内涂上一层薄薄的色油，然后将主轴承下块轴承放到孔内来回摆动，取出后检验色油接触，要求接触面积大于全部面积的 75%。

②用外径千分尺测量主轴承下块轴承厚度，一般测量轴承前后两点，以判断厚度的偏差。厚度的公差要求见表 3-1-3。

表 3-1-3　主轴承厚度公差　　　　　　　　　　　　　　　　　　　　　　mm

薄壳轴承	厚壳轴承
<0.02	<0.04

③检验主轴承上下平面之间垫片。轴承之间有垫片的（片数应在 3 片以下），要求轴承两侧的垫片厚度一致。如无垫片，要求轴承下块平面比机座平面高出一定的数值（一般取 0.03~0.05 mm）。其目的是当轴承螺栓旋紧时，下轴承被压缩，从而产生一个径向力，使轴承在机座轴承座孔内处于正确位置。

④主轴颈与下块轴承接触检验。检验主轴颈是否与主轴承接触。用 0.05 mm 塞尺在轴颈左右两侧进行检验，要求在两侧沿中心线向上 45°~60° 范围不应插入。

检验主轴颈与主轴承底部接触（曲轴落底检验）。用 0.05 mm 塞尺在轴向长度内检验，要求在全长 75% 以上的范围内不应插入。

3）轴颈下沉量检验。用桥规和塞尺在每一道主轴颈上进行测量检验，如图 3-1-15 所示。

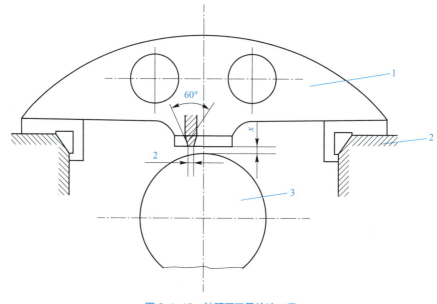

图 3-1-15 轴颈下沉量检验示意

1—桥规；2—机座主轴承座孔平面；3—曲轴主轴颈

柴油机运转一段时间后，应测量每道主轴承轴颈的下沉量。将前后两次测量数值进行对比，可判断主轴承的磨损及曲轴轴颈的下沉量，见表 3-1-4。

表 3-1-4 轴颈下沉量测量记录表　　　　　　　　　　　　　　　　　　　　mm

轴承序号	1		2		3		4		5		6		7	
测量方向	首	尾	首	尾	首	尾	首	尾	首	尾	首	尾	首	尾
测量结果														

4）主轴颈与主轴承配合间隙检验。

①十字头式柴油机主轴颈与主轴承配合间隙要求具体见表 3-1-5。

表 3-1-5 十字头式柴油机主轴颈与主轴承配合间隙要求　　　　　　　　　　mm

主轴颈直径	配合间隙
250~300	0.17~0.21
300~350	0.21~0.25
350~400	0.25~0.30
400~450	0.30~0.35

续表

主轴颈直径	配合间隙
450~500	0.35~0.40
500~550	0.40~0.45
550~600	0.45~0.50
600~650	0.50~0.55
650~700	0.55~0.60

若图纸、工艺有要求的，按规定要求调整间隙。制造厂说明书有要求的，应按说明书要求调整。

②检验方法。检验主轴颈与主轴承配合间隙有以下几种方法：

a. 用压青铅丝的方法进行检验。选用 $\phi 1\,mm$ 左右的青铅丝，在每一主轴颈前后位置各放一根，装上主轴承上盖，按规定扭矩旋紧螺母。上述步骤完成后，旋松螺母，拆卸上盖，取出两根压扁的青铅丝，用外径千分尺测得的厚度数值即为配合间隙。然后，与要求的配合间隙数值进行比较，得出合格与否的结论。若间隙过小或过大，都须进行调整，直至达到要求为止。

b. 用塞尺进行检验。装上主轴承上盖，按规定扭矩旋紧螺母，然后用塞尺进行检验。

c. 用内、外径千分尺进行检验。主轴承孔用内径千分尺测量，主轴颈用外径千分尺测量，将所测得的数值相减，就得出各道主轴承的配合间隙。

③检验时应注意以下几点：

a. 因主轴颈存在圆度和圆柱度偏差，其配合间隙应按最大直径处计算。

b. 轴承两侧垫片数量要相等，以免轴承盖安装后有歪斜现象。安放垫片时，不得与轴颈接触，要留有 0.10 mm 左右的间隙，以免运转时轴颈出现损伤。

c. 主轴承间隙不准用放松或旋紧螺母的办法进行调整。

5）推力盘间隙检验。

①检验要求。具体见制造厂说明书。

②检验方法。

a. 用塞尺测量推力盘两边的间隙，相加后得出总的推力盘间隙，然后与制造厂或图样规定的要求进行对照，若不符合要求，则加以调整。

b. 用油泵进行检验。在推力盘的一侧放上两只百分表，在另一侧用油泵顶，读出百分表读数，即为总的推力盘间隙。

6）曲轴臂距差检验。

①曲轴臂距差的测量位置选择。测量曲轴臂距值采用专门的量表——臂距表。测量前，根据曲轴臂距大小组装好臂距表量杆，并装于曲柄臂上的冲孔，如图3-1-16所示。

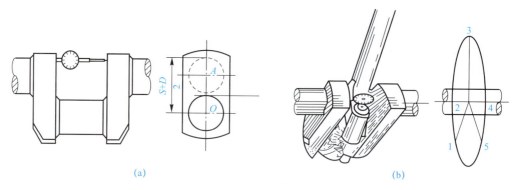

图 3-1-16 测量臂距差的位置
（a）测量位置；（b）臂距值测量顺序

曲轴臂距值测量点一般均设在距曲柄销中心线（S+D）/2 处（S 为活塞行程，mm；D 为主轴直径，mm）。为了便于迅速、准确地装表，一般在制造曲轴时在曲柄臂内侧中心对称线上（S+D）/2 处打上冲孔，即图中 A 点，作为固定的测量点。有的大型柴油机为了便于测量或避开轴孔套合处，将测量点设在曲柄臂下边缘 B 点。由于曲柄臂中心对称线上各点距曲柄销中心线的距离不等，当曲轴回转时曲柄臂张开或收拢使中心对称线上各点的臂距值不等，距曲柄销中心线越远的点，臂距值越大。所以 B 点的臂距值大于 A 点的臂距值，在 B 点测得的臂距差 ΔB 大于 A 点的臂距差 ΔA。目前国内外均以（S+D）/2 为测量点制定臂距差标准，不适用其他测量点测出的臂距差。所以，只有将 B 点的 ΔB 换算成 A 点的 ΔA 值后方可使用标准。可按下式换算：

$$\Delta A = \Delta B \frac{OA}{OB}$$

式中　OA——测量点 A 至曲柄销中心线的距离（mm）；
　　　OB——测量点 B 至曲柄销中心线的距离（mm）。

②臂距差测量步骤。

a. 打开曲轴箱道门。

b. 检查臂距差的灵敏度。检查无误后，根据臂距差 L 的大小选择并调整臂距表测量杆长度，使之比臂距值 L 大 2 mm 左右，并装上重锤。

c. 将需测臂距差的曲柄销转到下止点，如果曲柄销上装有活塞连杆组，应把曲柄销转到下止点后 15° 左右的位置，以此作为起始位置。

d. 寻找并仔细清洁两曲柄臂上的冲孔，冲孔应在距曲柄销轴线为（S+D）/2 处，除去孔中油污和杂物，以免引起误差，将臂距表装入两曲柄臂。

e. 装上臂距表预紧 1～2 mm，用手拨转臂距表 2～3 转，在确认安装良好后，转动表面将表上指针调到"0"位。

f. 正盘车转动曲轴，起始测点后根据销位法依次测量 5 个或 4 个位置的臂距值。

g. 读取臂距值。不同结构的曲轴量表在测量臂距增减时，表指针的转动方向不同。当曲轴量表的触头向表内压入时，表上的读数应减小，读负值，以"－"表示；当曲轴量表的触头外伸时，表上的读数应增大，读正值，以"＋"表示。

③臂距差的记录。臂距差在曲柄臂冲孔装好后即可测量。测量时，盘车使曲轴正车回

转一周，分别测量曲柄销在上、下止点位置和左、右水平位置的臂距值，从臂距表读出测量值，并记录在表格中。

a. 曲轴未装活塞运动装置。曲轴回转一周，测量曲柄销转至 0°、90°、180°、270° 4 个位置的臂距值和记录读数。

b. 曲轴已装活塞运动装置。由于曲轴转至下止点时，活塞运动装置的位置恰好居中，不能安装臂距表和测量下止点的臂距值。故生产中用曲柄销位于下止点前后各 15°（以表不碰连杆为准）位置，即 165° 和 195° 位置的臂距值 $L^{I}_{下}$ 和 $L^{II}_{下}$ 的平均值 $(L^{I}_{下}+L^{II}_{下})/2$ 代替下止点（180°）位置的臂距值 $L_{下}$，所以 $L_{下}=(L^{I}_{下}+L^{II}_{下})/2$。盘车至 195° 处装表，并将表的指针调至零值后依次测量 195°、270°、0°、90°、165° 5 个位置的臂距值并记录读数。

现场记录测量读数依所选用的基准不同有两种方式：以曲柄销位置为准记录臂距值和以臂距表位置为准记录臂距值两种。

以上两种记录方式不同，但基本概念不变，均按公式 $\Delta_{\perp}=L_{上}-L_{下}$、$\Delta_{=}=L_{左}-L_{右}$ 计算，计算结果相同。

曲轴臂距差的精度与臂距表的精度、表的安装精度、读数误差和测量技术等有关。可用以下方法检验测量精度：将测得的上、下止点臂距值之和与左、右水平臂距值之和比较，两者差值在 ±0.03 mm 内，即 $(L_{上}+L_{下})-(L_{左}+L_{右})<±0.03$ mm，表明测量基本准确。如果几次测量结果均超过 ±0.03 mm，表明曲轴存在严重变形。

必须指出，以上检验方法是测量者用来粗略判断自己测量的准确性的方法，而非衡量臂距差的标准，切勿混淆。

④臂距差的计算。

$$\Delta_{\perp}=L_{上}-L_{下}$$
$$\Delta_{=}=L_{左}-L_{右}$$

式中 $\Delta_{\perp}$、$\Delta_{=}$——垂直平面、水平平面内的臂距差（mm）；

$L_{上}$、$L_{下}$——曲柄销在上、下止点位置时的臂距值（mm）；

$L_{左}$、$L_{右}$——曲柄销在左、右平位置时的臂距值（mm）。

当按曲轴量表所在位置记录臂距值，在计算臂距值时，用记录表中下面的数值减去上面的数值为曲轴的上下臂距差即 $\Delta_{\perp}$；记录表中右边的数值减去左边的数值为左右臂距差即 $\Delta_{=}$。当按曲柄销所在位置记录臂距值，在计算臂距差时与上述相反。

测量记录表见表 3-1-6。

表 3-1-6 臂距差测量记录表

曲柄销号数	曲柄销位置					
	上止点	下止点平均值	$\Delta_{\perp}$	左平	右平	$\Delta_{=}$
1						
2						
3						
4						
5						
6						

⑤绘制曲轴轴线状态图,如图3-1-17所示。

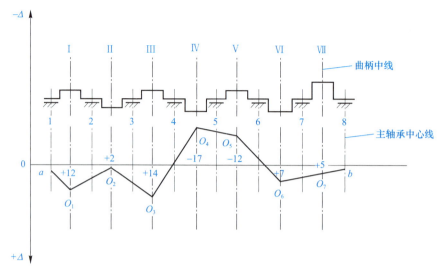

图3-1-17 曲轴轴线状态

a. 按气缸中心距成比例地画出各缸曲柄都向上的曲柄示意。

b. 在曲柄示意的下方做与轴线平行的横坐标轴线,臂距差为正值则主轴承偏低,臂距差为负值则主轴承偏高,将正臂距差值取在横坐标轴线下,将负臂距差值取在横坐标轴线上。

c. 将各曲柄的臂距差值按其大小用直线连接起来,所得的折线即为曲轴轴线状态图。

⑥测量条件与要求。为了测量准确,应尽量消除影响测量精度的因素,准确地反映曲轴轴线的状态。要求在以下条件下进行测量:

a. 在柴油机冷态进行测量。柴油机热态是指停机时的状态。柴油机停机后立即测量,机件热态使臂距表的测量值不准确,且随着温度的不断降低,先后测量时的温度影响不同,所以测量值不稳定。而冷态,即环境温度下,测量值准确、稳定,也便于操作。

b. 夜间、清晨或阴雨天气时测量。海水、气温直接影响船体变形,进而影响曲轴臂距差值。轮机员测量曲轴臂距差时应注意环境温度的影响,避免船舶在太阳暴晒下测量。

c. 船舶装载条件相同的情况下测量。船舶装载条件不同船体变形不同,如空载与满载时的曲轴臂距差不同。为了便于比较,应在相同的装载条件下进行测量。通常新造船舶和修理船舶都在空载条件下测量臂距差。

⑦曲轴臂距差标准。测量曲轴臂距差后,应对所测数值进行分析和判断。分析曲轴弯曲变形程度和变形方向,判断臂距差是否超过标准,确定主轴承高低和对其处理等。分析和判断的依据就是柴油机说明书和有关标准。

a. 柴油机说明书。曲轴臂距差随柴油机机型、结构、尺寸和计算方法不同而异。各类柴油机说明书中均对其曲轴臂距差测量方法、安装值和极限值有明确规定。

b. 中国船级社规定。《海上营运船舶检验规程》(1984)规定曲轴臂距差测量点在$(S+D)/2$处。

c. 中国修船标准。中华人民共和国船舶行业标准《船舶柴油发电机组原动机修理技术要求》(CB 3364—1991)、《船用柴油机曲轴修理技术要求》(CB/T 3544—1994)分别对船舶副柴油机和船舶主柴油机曲轴臂距差做出规定。

《船舶柴油发电机组原动机修理技术要求》（CB 3364—1991）规定，曲轴臂距差测量点在（$S+D$）/2处，曲轴与发电机连接后冷态臂距差标准：正常值不大于0.000 125S，即1.25S/10 000；修理中飞轮端控制值不大于0.00 015S，即1.5S/10 000；飞轮端如为弹性联轴节可适当放宽至不大于0.000 175S，即1.75S/10 000。

⑧曲轴组件常见故障和维护管理。曲轴组件是柴油机中最重要的部件，因此在维护管理中应给予高度的重视。对曲轴进行检验的主要内容如下：

a. 检查轴颈无擦伤、蚀坑、机械损伤和磨损情况，曲轴吊起时应检查轴颈的椭圆度和圆柱度，轴颈的椭圆度与圆柱度不应超出相应的规定值。

b. 检查轴颈特别是圆角及油孔附近有无裂纹，必要时应用有效方法进行探伤，对曲轴裂纹，可按有关的技术规定研究处理。

c. 检查曲轴红套或压力配合处有无松弛或位移现象。

d. 检查分段式曲轴的法兰连接及组装式曲柄臂与平衡重的紧固是否可靠。

曲轴在使用中常见故障有轴颈磨损、曲轴挠曲、疲劳损坏和红套滑移等。

a. 轴颈磨损。曲轴轴颈表面轻微磨损表现为表面擦痕，划痕变粗糙。这是润滑油含杂质、表面不清洁或轴承粗糙等所致。有伤痕时应用砂布、油石或修磨夹具加以去除并抛光，以减少造成应力集中的可能。

曲轴长期工作后的轴颈必然发生磨损，轴颈磨损是不均匀的。二冲程柴油机及大多数四冲程柴油机，曲柄销外侧的磨损大于内侧（靠近曲轴轴线一侧）的磨损。这是因为气体力的作用大于惯性力，活塞连杆以受压为主，因此曲柄销磨损主要在外侧，而主轴颈远离曲柄销的一侧磨损较大。

有些四冲程柴油机，由于惯性力较大，或连杆大端刚性较差而产生变形，其曲柄销内侧的磨损大于外侧的磨损。四冲程柴油机的主轴颈受力方向与曲柄销相反，故主轴颈的磨损是在靠近曲柄销的一侧较大。

当轴颈形状误差超过规定值，则进厂修理，用光车或磨削工艺消除形状误差。经过多次车、磨修理后，曲轴轴颈直径减少量一般不超过原始尺寸的5%，同时应进行强度校核，以达到国家船舶检验规定要求。对于轻微不均匀磨损可用硬模色油法来配合手工修锉加以修正。但不管哪种修理，最后都应对曲轴轴颈进行抛光处理，并吹净油道杂质。

b. 曲轴挠曲。大、中型柴油机的曲轴较细长，刚性较低。安装后，自重使主轴颈座贴于主轴承下瓦表面。当各主轴承中心高低不一时，安装后的曲轴中心线就不是一根平直线而是弯曲弧线。若某曲柄的两主轴承低于相邻主轴承，则曲轴轴线在此则呈下塌挠曲状态。相反，若某曲柄两主轴承较相邻的主轴承高，则此处曲轴轴线呈上拱弯曲状态。

可以通过测量曲柄销在不同位置时的曲柄臂距进行比较，即可判断该曲柄的轴线挠曲的情况。一般规定垂直方向的臂距差$\varDelta_\perp=L_\text{上}-L_\text{下}$，如图3-1-18所示，当某曲柄处轴线呈下塌挠曲时，曲柄销在上止点时臂距值$L_\text{上}$将大于曲柄销在下止点时的臂距值$L_\text{下}$，即$\varDelta_\perp=L_\text{上}-L_\text{下}>0$，此曲柄状态称为下叉口，并用符号"∧"标记，说明该曲柄的两个主轴承比相邻两侧的主轴承位置低，如图3-1-18（a）所示。相反，若$\varDelta_\perp$为负值，则该曲柄轴线呈上拱挠曲，此曲柄状态为上叉口，用"∨"符号标记，说明该曲柄两主轴承位置较高，如图3-1-18（b）所示。水平方向臂距差也用同样的方法计算标记。

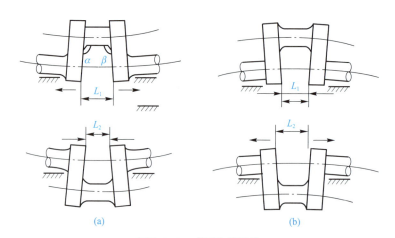

图 3-1-18 挠曲与臂距差
(a) 下塌挠曲；(b) 上拱挠曲

曲轴挠曲的直接原因是各档主轴承中心高低不一。各档主轴承高低不一的形成原因除了各主轴承磨损不均和下瓦厚薄不一外，还有可能是因船体变形导致机座变形而引起的。常用的检测方法是测量各挡臂距差及各主轴颈的桥规值，从而进行相应调整。

c. 疲劳损坏。曲轴工作一段时间后，有时会疲劳损坏。疲劳损坏是指曲轴在交变负荷作用下产生裂纹并逐渐扩展，随着裂纹的逐渐发展，承载截面逐渐减小，最后因截面尺寸不足而发生突然断裂。疲劳损坏的形式可分为两种：弯曲疲劳损坏和扭转疲劳损坏。

ⓐ弯曲疲劳损坏。首先产生在曲柄销圆角或主轴颈圆角处，然后向曲柄臂发展。这是因为对于承受弯曲破坏来说，曲柄臂比主轴颈和曲柄销弱。弯曲疲劳的断面是与轴线垂直的，裂纹线为波浪线，如图 3-1-19（a）所示。曲轴弯曲疲劳破坏，通常是由于轴颈不均匀磨损所造成的主轴承不同轴度而引起的。特别是如某个主轴承过低，则当柴油机不工作时，轴颈与下瓦脱开；而当柴油机工作时，轴颈又要压到轴承上，因此这段曲轴就会产生过大的变形和过大的交变弯曲应力。由于轴承的不均匀磨损要经过一定的运转时间才会发生，因此弯曲疲劳损坏通常发生在长期使用的柴油机上。

ⓑ扭转疲劳损坏。曲轴在驱动力矩作用下产生交变的扭转应力，以及由于曲轴的扭转振动还会产生附加的交变扭转应力，它们会引起曲轴发生扭转疲劳损坏。扭转疲劳裂纹发生在加工不良的油孔或圆角处。轴颈的疲劳裂纹多从油孔开始，然后向与轴线成 45°的方向发展，所以往往出现两条对称裂纹。起始于圆角处的扭转疲劳裂纹，由于轴颈的抗扭截面模数比曲柄臂的截面模数小，因此裂纹多自圆角部位向轴颈发展，较少向曲柄臂上发展，如图 3-1-19（b）所示。

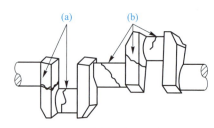

图 3-1-19 曲轴疲劳损坏的形式
(a) 由弯曲而产生的断裂；(b) 由扭转而产生的断裂

但是，若同时存在较强的弯曲荷载，也有转变成曲柄臂弯曲断裂的情况。扭转疲劳损坏和弯曲疲劳损坏不同，扭转疲劳损坏一般是出现在柴油机运转初期。虽然也曾有过柴油机短期使用后曲轴发生弯曲疲劳损坏的事例，但这种损坏多数是由于曲柄、主轴承座或机座刚性不足所致。目前柴油机扭矩、扭振的计算及测量方法比较成熟，只要扭振减振器不发生故障和飞车，又不过于疏忽，通常不会出现扭转疲劳损坏。相反，弯曲应力复杂，难以计算精确，而且轴承磨损后能产生很大的附加弯曲应力，因此，曲轴的弯曲疲劳损坏多于扭转疲劳破坏。

为了防止曲轴疲劳损坏，在管理中要注意检查曲轴轴线的状态、轴颈与下瓦的贴合情况。在操作时要尽快越过临界转速区，注意对扭转振动减振器的检查和保养，要注意化验滑油和利用分油机分离滑油。如发现疲劳裂纹，要查明并消除引起裂纹的原因，并根据有关要求对裂纹进行处置。

d. 红套滑移。在套合式或半套合式曲轴中，其套合处有时发生相对位置错动的现象，称为红套滑移。

曲轴红套滑移将严重影响柴油机各缸定时、燃烧和功率。曲轴产生红套滑移的原因，往往是由于曲轴受到过大的冲击性扭矩引起的。例如，当爆发压力过高，或发生拉缸及轴承烧熔时，曲轴的扭矩比正常工作大得多，曲轴红套处扭曲位移便容易产生。所以航行中若发现曲轴红套滑移，只能降低负荷暂时维持航行，待进厂后更换主轴颈并重新进行红套修复。

● 【任务考核表】

评价模块	评价内容	评价等级	综合评价
自我评价（20%）	通过本次任务学习，我学到的知识点和技能点有_____ 不理解的有_____ 我认为在以下方面还需要深化学习，并提升岗位能力：_____		
组内互评（30%）	按时上课，工装齐备，书、笔齐全		
	安全操作，责任心强，6S管理规范		
	学习积极主动，合理使用教学资源，主动帮助他人		
	接受工作分配，有效沟通，高效完成工作任务		
教师评价（50%）	评语：		

任务 3.2 机架总成安装

● 【学习任务单】

学习领域	船舶柴油机装配与调试	参考学时	
项目 3	柴油机的装配	24	
任务 3.2	机架总成安装	8	
学习目标	1. 掌握机架的结构组成; 2. 掌握机架、机座合拢安装工艺的主要内容; 3. 能正确填写机架安装工艺规程卡; 4. 能正确使用安装过程中用到的工量具。		

一、任务描述

机架的定位与安装十分重要,其质量不仅直接影响整台柴油机的质量和可靠运转,还直接影响船舶推进系统的质量和可靠性。机架总成的安装是船舶动力工程技术人员必须掌握的技能之一。

二、任务实施

1. 在教师指导下,组建小组,每组 10 人,并确定组长;

2. 按任务工单进行任务分解和资料学习,做好任务分工并进行记录;

3. 了解二冲程柴油机机架总成装配的主要内容及装配工艺,能够正确填写机架安装工艺规程卡;

4. 小组经过讨论确定任务结果,每小组由中心发言人进行成果展示,经过全体同学讨论,确定正确结果;

5. 检查总结。

三、相关资源

教材、教学课件、图片、柴油机安装说明书、网络与图书馆资源、二冲程柴油机实训仿真软件。

四、教学要求

1. 认真进行课前预习,充分利用教学资源;

2. 充分发挥团队合作精神,正确完成工作任务;

3. 团队之间相互学习,相互借鉴,提高学习效率。

● 【背景知识】

机架是柴油机的支架，安装在机座上面，机座和机架合起来构成船用柴油机的曲柄箱，形成了柴油机运动件的运动空间。柴油机的机座、机架和安装在机架上的气缸体用贯穿螺栓紧固地连接成一体，构成柴油机的固定件。机架也是以受力为主的部件，因此要求其有足够的强度和刚度。

机架分为 A 形机架与箱形机架两种。

A 形机架是单片式装配结构，通过在铸造的单片 A 形架上覆板制造而成。图 3-2-1 所示为双导板焊接结构 A 形机架。每片机架均由钢板焊接而成，横跨于主轴承之上。每两片 A 形机架之间用横挡板及两侧纵向加强板 5 连接紧固成刚性足够的 A 形机架。机架左右两侧设有道门，供轮机人员进入曲轴箱检修用。打开检查孔盖，可以观察柴油机内部情况，排气侧道门上设有防爆门 8 和防护罩 9。当曲轴箱内油气压力达 0.005 MPa 时，防爆门自动打开，释放高压油气，防止曲轴箱爆炸。空心的铸铁导板固定在机架内侧，垫片 11、12 用以调整十字头滑块与导板的正面和侧面间隙。

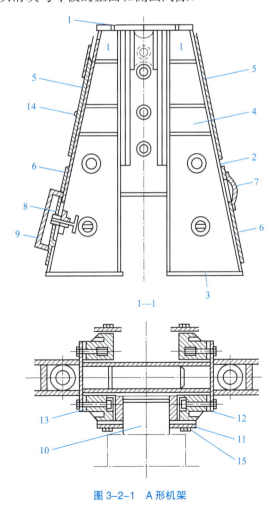

图 3-2-1 A 形机架

1—上横梁；2—倾斜支板；3—下横梁；4—面板；5—加强板；6—道门；7—检查孔盖；8—防爆门；
9—防护罩；10—十字头；11、12—垫片；13—导板；14—CO_2 接头；15—侧面导板

图 3-2-2 所示为 MAN B&W S-MC-C 型柴油机机架立体图。箱形机架由上面板 5、底板 6、横向隔板 2 和左、右侧板 7 焊接而成，它具有结构紧凑、重量轻、刚性好的优点。在机架内设有十字头滑块导板 3，用以承受侧推力。在侧板上开有检修通道 8，通过它可以检查主轴承、曲轴及连杆大端轴承的工作状态。在机架的背面设有防爆门。由于整个机架为一刚性整体，结合面少，使加工、制造容易，安装简单，也改善了曲轴箱的密封性。目前 MAN B&W 公司的 MC 系列、ME 系列柴油机和 Wärtsilä 瑞士公司的 SULZER RTA 系列柴油机大都采用箱形机架。

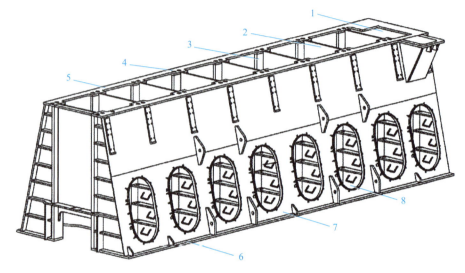

图 3-2-2　MAN B&W S-MC-C 型柴油机的机架

1—链条传动箱；2—横向隔板；3—滑块导板；4—贯穿螺栓孔；5—上面板；6—底板；7—侧板；8—检修通道

● 【任务实施】

3.2.1　机架预装

1. 机架预装的主要工作内容

（1）机架清洁；
（2）各种门盖安装；
（3）各种管路安装；
（4）路台支架安装等。

2. 机架预装的主要技术要求

（1）防爆门开启试验：用称重法试验防爆门的开启压力并校验；
（2）中间齿轮与机架的轴向间隙符合要求。

3. 机架的预装工艺

（1）机架清洁。机架预装时，首先应将机架用工装吊起，全面清洁，特别是盲孔和螺纹孔内，孔口须修毛刺，并用压缩空气吹干净。精加工的平面、内孔要涂防锈油，然后将机架吊到预装平台上。

（2）各种门盖安装。机架装有各种门盖，包括机架排气侧和燃油侧门盖、防爆门、自由端和输出端门盖等，图3-2-3所示为机架燃油侧道门排列情况，其中有普通道门、带防爆门的组合道门和组合盖等门盖。图3-2-4所示为带防爆门的组合道门，主要由道门闩1、转销2、转盘3、组合道门4、防爆门5和门夹6构成。

下面以图3-2-4所示的燃油侧带防爆门的组合道门为例介绍道门的安装过程。

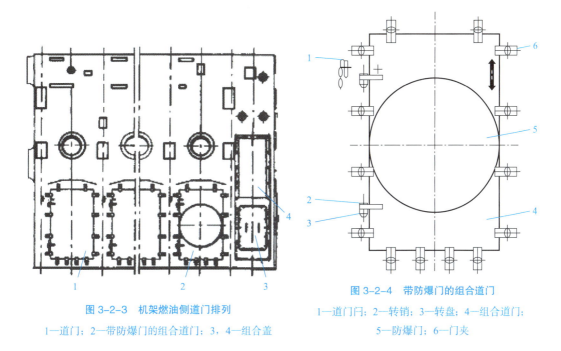

图3-2-3 机架燃油侧道门排列
1—道门；2—带防爆门的组合道门；3，4—组合盖

图3-2-4 带防爆门的组合道门
1—道门闩；2—转销；3—转盘；4—组合道门；
5—防爆门；6—门夹

1）机架道门安装。
①将自制的软木橡胶垫粘贴在道门内侧，要求边缘平齐；
②将道门用门夹压在机架上，道门在机架道门孔四周均等；
③在机架上按图3-2-3所示位置将转盘在机架上定位，并焊接固定，装上转销；
④将道门打开后，根据道门上的门闩孔的位置，将机架上的道门闩孔板定位，进行焊接。

2）防爆门安装。
①防爆门试验：用称重法试验防爆门的开启压力并校验；
②将自制的软木橡胶垫粘贴在防爆门的阀体上，注意将虹吸管的孔留出；
③将防爆门安装到道门上，安装时注意对准虹吸管，并用螺栓将防爆门紧固。

（3）各种管路安装。柴油机机架内有一些管路和滑油铰链等，这些管路可在预装时进行安装。

1）主轴承油管安装。
①三大件定位后，配主轴承油管，画线定位，由钳工钻攻螺纹孔；
②串油结束后，钳工安装油管，拧紧螺栓、自锁螺母。

2）滑油铰链安装。一些柴油机的十字头润滑及活塞冷却采用滑油铰链机构，其安装过程如下：

①将滑油铰链从机架燃油侧放入机架,用螺栓固定,安装时注意铰链方向,敲入锥销定位;

②在机架内用铁丝将铰链固定在内部的吊耳上。

(4)路台支架安装。路台支架是操作人员日常检查和修理的通道,也是各种管路安装的基础。大多数柴油机机架有下层路台支架和空冷器路台支架等。路台支架安装的主要内容有支架安装、路台安装和栏杆安装等。

1)支架安装。将各支架、定距管按图纸要求的位置装在机架上,并用螺栓、螺母上紧。

2)路台安装。根据实际情况,现场配制花铁板,将花铁板铺在机架走台支架上,各花铁板之间的接缝应尽量整齐,无明显间隙和错位现象,钻、攻螺纹孔,用沉头螺钉将花铁板上紧。

3)栏杆安装。将耳板按图纸的距离尺寸要求焊接在花铁板上,然后将立柱插入耳板,装上螺母,暂不拧紧。待管工将栏杆配制完后,拧紧螺母,配钻栏杆接头处的销孔,敲入锥销。

3.2.2 机架总成安装

1. 机架纵、横方向的定位

机架在机座上纵向定位,利用机座首端或尾端端面上的定位基准块来实现,实际操作过程中定位销可以确定定位基准。大多数情况下,机架上对应端面与机座上基准面要紧贴且要保证 0.05 mm 塞尺插不进。

机架横向定位采用拉线法。在机架首、尾两端导板中央分别拉钢丝线。测量机架左、右两侧面距钢丝线的距离,并使之相等,则机架横向准确定位。

机架安装时,要求机架下平面与机座上平面应紧密接触,一般要求 0.05 mm 塞尺检查插不进;局部用 0.10 mm 塞尺检查插入深度不大于 30 mm,且 0.15 mm 塞尺插不进。若不符合要求,可在结合面上涂抹密封胶使接触紧密。机架安装后其上平面的平面度误差应满足要求。

贯穿螺栓将柴油机的机座、机架、气缸体紧固地连接成一体,构成柴油机的固定件。贯穿螺栓安装前,将上部螺母、上中间环和贯穿螺栓螺纹部分清洁并涂二硫化钼,再将贯穿螺栓安装到贯穿螺栓孔。

2. 机座、机架合拢安装工艺

机座机架合拢装配工艺规程卡,见表 3-2-1。

表 3-2-1 机座机架合拢总成装配工艺规程

总装制造部 装配工艺规程	机型		工序卡编号	
	工艺名称	机座机架合拢装配	工位	
	参考图纸		参考标准	

续表

装配附图	工序号	工序名称	工序内容	工具/工装	工时/h
	1	清理连接面并涂胶			
	2	吊具安装并整理机架下平面			
	3	机架上试验台			
	4	安装连接螺栓			
	5	安装大罩壳			
	6	铣紧配螺栓孔			
修改日期	修改审核	编制（日期）	校对（日期）	审核（日期）	批准（日期）

（1）清理连接面并涂胶。清洁并精整机座上平面、机架下平面和机架内部的导板及其他零部件，在机座上平面沿连接螺栓孔均匀涂密封胶。

（2）吊具安装并整理机架下平面。仔细检查清洁机架的下平面，打磨高点和毛刺。注意：在清洁机架下平面时，在机架下面放置两个支架，以防机架突然坠落。

（3）机架上试验台。检查紧配螺栓孔尺寸是否一致。将机架吊上机座，在机架其中两个紧配螺栓孔中插入两个导向定位销，调整机架以引导导向销缓缓插入机座定位螺栓孔。

（4）安装连接螺栓。穿好机架与机座的连接螺栓、定距管并拧紧螺母。

（5）安装大罩壳。装好机架前端大罩壳，机座密封面涂密封胶，机架密封面粘垫片，并把紧螺栓。

（6）铣紧配螺栓孔。铣紧配螺栓孔，穿入紧配螺栓并拧紧螺母。

3．机架安装校验

机架可以单独吊装上船，也可按组合体状态吊运上船进行安装。在船上安装时，先在机架与机座的接合面之间涂一层硝基清漆，以增强其密封性，然后按标记将机架与机座的定位销孔对准，并紧固定位螺栓。

机架及定时齿轮在船上安装之前，必须在平台上进行校正，并达到如下技术要求：机架的前后两端面与底平面的不垂直度不大于 0.05 mm/m；上、下平面的不平行度不大于 ±0.05 mm；各导板基面的间距误差不大于 0.50 mm；导板基面与上下端面的不垂直度不大于 0.05 mm/m。测量方法如图 3-2-5 所示。

组合后的机架，要求各导板基面的平行度误差不大于 0.15 mm。在平台上进行检验时，要求机架下平面与平台紧密贴合，0.05 mm 塞尺插不进，局部位置允许插入深度不超过 40 mm；机架上平面的纵、横平直度误差不大于 0.04 mm/m。

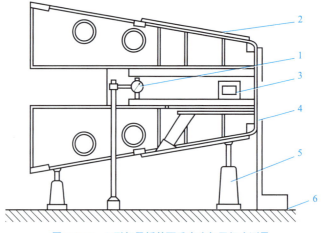

图 3-2-5 A形架导板基面垂直度与平行度测量
1—千分表；2—A形架；3—水平仪；4—角尺；5—千斤顶；6—平台

安装定时齿轮时，必须将曲轴第一缸的曲柄销转到上止点位置，然后将各个齿轮上标刻有"O"记号的齿相互对准，装配啮合，如图 3-2-6 所示。

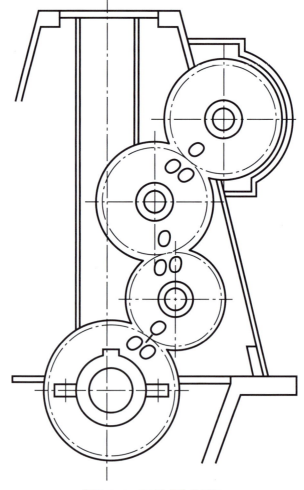

图 3-2-6 定时齿轮安装示意

3.2.3 连杆、十字头总成部装及安装

对于二冲程十字头式柴油机,曲柄连杆机构包括十字头和连杆两部分。连杆十字头的位置如图3-2-7所示。十字头组件的主要作用是将活塞组件和连杆组件结合起来,把活塞承受的气体力和惯性力传递给连杆,连杆再将力传递给曲轴,将活塞的往复运动转变为曲轴的回转运动,通过轴系带动螺旋桨,进而推动船舶运动。十字头本体和轴承要承受周期性气体的爆发力,十字头滑块要承受侧推力的作用,特别是十字头轴承,由于单向受力和摆动,不易形成良好的润滑,工作条件恶劣。在二冲程柴油机中,连杆始终受压,且压力的大小呈周期性变化,运动和受力复杂。

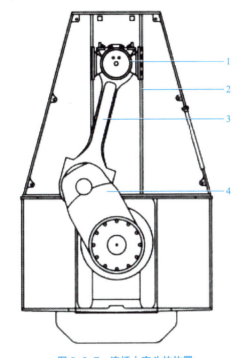

图3-2-7 连杆十字头的位置

1—十字头;2—导板;3—连杆;4—曲轴

1. 连杆、十字头组件的结构组成

(1) 连杆组件。连杆组件一般由小端、杆身和大端组成。MAN公司生产的柴油机连杆小端为十字头轴承,大端为曲柄销轴承,均由轴承盖、轴承座和螺栓等组装而成。大、小端的连杆螺栓都是紧配螺栓,保证了轴承盖、轴承座和杆身之间的紧固配合。连杆螺栓是柔性螺栓,有较高的疲劳强度,用专用的液压工具上紧。

(2) 十字头组件。MAN公司生产的柴油机的十字头和连杆机构,如图3-2-8所示,十字头主要由十字头本体和十字头滑块组成。十字头有两个滑块,浮动安装在本体两端。十字头本体的中间部分包含在十字头轴承内,十字头轴承盖上有切口,方便活塞和十字头安装到一起。活塞下端落在十字头上,由十字头内的导向环导向。活塞杆和十字头间插有垫片,位置如图3-2-9所示,垫片的厚度根据不同机型计算得出,以便与实际柴油机的输出功率相匹配。

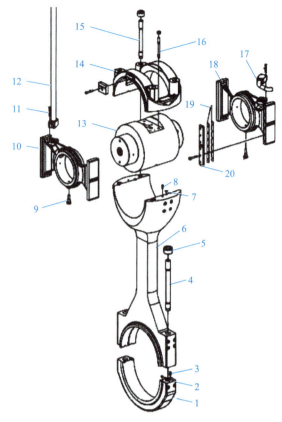

图 3-2-8 十字头连杆机构

1—曲柄销轴承盖；2—螺钉；3—定位销；4—连杆螺栓；5—液压紧致螺母；6—连杆；7—螺钉；8—定位销；
9—止动螺栓；10—滑块；11—螺钉；12—伸缩套管；13—十字头；14—十字头轴承盖；
15—连杆螺栓；16—螺栓；17—出油管；18—滑块；19—垫片；20—侧片

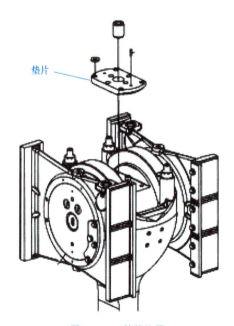

图 3-2-9 垫片位置

向十字头、曲柄销和活塞提供冷却油的套管固定在一个滑块的上端，活塞冷却油出油管装于十字头滑块的另一端，可以在机架内固定的开槽管（冷却油回油收集管）上下来回滑动。滑块滑动表面浇铸白合金，十字头由机架上的导板导向，十字头轴承由 4 个螺栓安装。

2．连杆、十字头总成装配工艺

连杆十字头总成装配工艺规程卡，见表 3-2-2。

表 3-2-2　连杆十字头总成装配工艺规程

总装制造部装配工艺规程		机型		工序卡编号	
		工艺名称	连杆十字头总成装配	工位	
		参考图纸		参考标准	
装配附图	工序号	工序名称	工序内容	工具/工装	工时/h
	1	测量十字头各装配尺寸			
	2	检查十字头上平面			
	3	测量压缩比垫			
	4	记录数据			
	5	精整连杆			
	6	连杆清洁			
	7	滑块清洁			
	8	十字头清洁			
	9	十字头轴预装			
	10	连杆安放			
	11	安装十字头下瓦			
	12	安装十字头			
	13	滑块安装			
	14	测量间隙			
	15	侧条安装			
	16	完整性检查			
修改日期	修改审核	编制（日期）	校对（日期）	审核（日期）	批准（日期）

连杆十字头总成装配工艺工序内容如下：

使用工具：外径千分尺、内径千分尺、电子卡尺、铜棒、磁力座百分表、外径千分尺、专用钢丝刷、风钻、内窥镜、铁丝钳、连杆翻转工具、螺钉旋具、十字头吊具、垫木、塞尺、液压拉伸器。

（1）测量十字头各装配尺寸。

1）十字头轴颈尺寸、十字头两端与滑块装配轴颈尺寸、中间轴长；

2）滑块宽度、轴孔内径；

3）根据测量的滑块和大导板尺寸进行滑块匹配并打印缸号：F1、A1、F2、A2…；具体位置：滑块的燃油侧上平面和十字头的前端轴平面。

（2）检查十字头上平面。使用外径千分尺测量十字头轴颈尺寸。使用电子卡尺测量两端与滑块的装配轴颈尺寸，根据测量的滑块和大导板尺寸进行滑块匹配。

使用磁力座百分表检查十字头轴活塞杆地脚面与十字头轴线的平行度，并以十字头活塞杆地脚面为基准，使用百分表检查十字头轴两顶部的高度。一般情况下，要求两高度差不大于 0.03 mm，如果不满足要求应返厂修理。检查十字头上平面如图 3-2-10 所示。

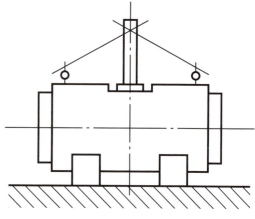

图 3-2-10　检查十字头上平面

（3）测量压缩比垫。使用外径千分尺测量压缩比垫厚度，测量前后 6 个点，平行度应不大于 0.03，否则应进行修理。检查压缩比垫棱边、倒角、十字头倒边，保证压缩比垫与十字头上平面完全接触并保证垫没有变形。

（4）记录数据。将得到的数据记录到装配自检表格。

（5）精整连杆。精整并清洁所有待装的零件，回攻螺纹孔；所有轴承座、轴承盖打磨去毛刺，检查十字头瓦盖、开口档距和瓦盖拉伸器圆角。

（6）连杆清洁。

1）准备工作，精整并清洁所有待装的零件，回攻螺纹孔；所有轴承座、轴承盖打磨去毛刺，检查十字头瓦盖、开口档距和瓦盖拉伸器圆角。

2）将专用风动钢丝刷固定在风钻上刷洗泄油孔中间孔（注意：油槽位置不要有飞刺）。

3）用抹布清洁打磨后的油孔，然后用专用白布条清洁干净。

4）冲洗结束后用压缩空气吹净油道，交质检人员检查，检查合格后将外露油孔用胶布封死。注意：如果存放时间较长，可将内孔喷涂保养油，连杆清洁如图 3-2-11 所示。

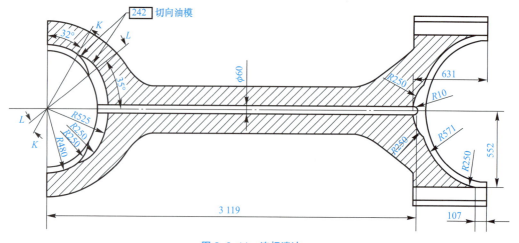

图 3-2-11　连杆清洁

(7）滑块清洁。

1）将专用风动钢丝刷固定在风钻上刷洗滑块油孔；

2）用抹布清洁打磨后的油孔，然后用压缩空气吹净油道并交质检人员检查，检查合格后对外露孔进行封口。

（8）十字头清洁。

1）将专用风动钢丝刷固定在风钻上刷洗十字头油孔（注意：刷洗时不要破坏孔口螺纹）。

2）用风钻（带白布条）清洁打磨后的油孔。

3）冲洗结束后，用压缩空气吹净油道，交质检人员检查，检查合格后将所有外露油孔用胶布封死。用抹布清洁打磨后的油孔，然后用压缩空气吹净油道并交质检人员检查，检查合格后对外露孔进行封口。

（9）十字头轴预装。安装十字头端丝堵，螺纹表面涂胶粘剂。将丝堵铆死，进行十字头轴预装，十字头用水平仪找平。

（10）连杆安放。

1）用液压拉伸器松开曲柄销轴承盖和十字头轴承盖螺母，移走十字头轴承盖和曲柄销轴承盖。

2）严格清洗检查连杆各润滑油道，不得有异物存在。

3）精整预装地沟内的垫轨，保证无高点，连杆直立放在预装坑内，在垫轨上铺保养纸，以防损伤曲柄销轴承结合面。

4）使用连杆翻转工具，把连杆吊入预装地沟，曲柄销端固定在垫轨上。

5）在连杆曲柄销轴承端加工工艺孔处安装螺塞，螺纹涂胶，螺塞铆死。

6）清洗曲柄销和十字头销轴承上、下薄壁瓦，瓦背涂滑油，安装在轴承座上，并安装压瓦螺钉，安放连杆。

（11）安装十字头下瓦。安装十字头下瓦，瓦背均匀涂抹一层薄薄的滑油，并按对角顺序把紧压瓦螺钉及特制止动垫。

注意：

1）压瓦螺钉平面不能高出连杆本体平面；

2）适当调整压瓦螺钉，保证下瓦在瓦座内居中安装。

（12）安装十字头。仔细检查十字头轴表面是否清洁、无指纹，然后在十字头下瓦均匀涂抹专用润滑脂，利用十字头吊具将十字头吊入下瓦并对中安装。

（13）滑块安装。

1）滑块预装。

①严格清洗检查十字头各润滑油道，不得有异物存在。

②将十字头加工工艺孔用螺塞堵死，螺纹涂胶，其余油孔用胶带封死。

③检查十字头轴活塞杆座面与十字头轴线的平行度。

④十字头轴吊放到平台上，下面用4块V形铁垫好。

⑤以活塞杆座面为基准，使用千分表检查十字头轴两顶部的高度，要求两高度差不超过规定要求。

⑥用千分尺测量每一滑块两白合金面的平行度、宽度、分中精度。

⑦两滑块为一组予以选配。

2）滑块安装。

①安装十字头上瓦，瓦背均匀涂抹一层薄薄的滑油，并将液压螺钉及特制止动垫对角紧固在十字头轴承盖上，注意对中。

②4个十字头液压拉伸器同时液压上紧十字头轴承螺栓至规定压力，测量并记录液压螺栓的伸长量。

③安装止推板，用螺栓紧固，并用铁丝锁紧螺栓，安装滑块。

（14）测量间隙。

1）测量两侧止推块与连杆小端侧端面之间的间隙，如果不在规定范围内，则通过在两侧加铜皮垫保证间隙在图纸要求范围内，并用铁丝锁紧螺栓。

2）左右转动十字头轴，测量轴承间隙，并交质检人员验收天地间隙是否在要求范围内。

（15）侧条安装。

1）分别在滑块燃油侧和扫气侧安装侧条及其调整垫片。

2）按打印标记将滑块装在相应十字头轴上，并测量与轴的配合间隙是否在要求范围内。

（16）完整性检查。检查组件的完整性、螺栓紧固及保险。安装结束后，对组件做好清洁、防护工作。

● 【拓展知识】

不同机型的主机，安装工艺流程略有差别。MAN B&W 6S60MC 型柴油机的机架预装、总装及主要部件的安装工艺流程如下：

1. 机架的预装

（1）机架在车间地面用厚木板垫平放稳。

（2）预装下部链传动机构。

（3）预装前端力矩补偿器。

（4）安装机架燃油侧大门。

1）在机架大门使用胶粘剂，粘贴橡胶密封圈。

2）将螺栓孔吹干净，安装大门螺栓。

3）在螺栓上安装弹簧、压块及螺母。

4）在机架上安装机架大门，然后拧紧。

（5）安装排气侧链轮箱机架大门。

1）在机架大门上使用胶粘剂，粘贴橡胶密封圈。

2）根据图纸要求，安装机架大门总成。

（6）安装防爆门。

1）清理机架上防爆门接触表面，保证清洁无毛刺。

2）将粘有密封垫的防爆门安装到机架上，然后拧紧。

3）安装防爆门放泄管。

（7）活塞冷却油出油槽口管的安装。

1）将槽口管耳板使用螺栓固定到机架上，根据图纸给定的尺寸确定槽口管在机架内的位置，耳板与槽口管点焊成一体，然后拆下槽口管。

2）将耳板与槽口管焊接成一体，经酸洗、刷油后重新安装槽口管到机架。

（8）安装冷却油观察镜。

（9）安装空气瓶。

（10）安装铭牌。

（11）安装机架走台支架，按图纸要求力矩上紧螺栓，螺纹涂二硫化钼。

（12）测量检查机架内滑板间距及侧条间距，并清理飞刺。

（13）将机架吊具安装到机架上，必要时对吊具进行检查。

2．机架的安装

（1）清扫机座上平面和机架下平面，除去两平面的毛刺。

（2）在机架前后对角适当的紧配螺栓孔处安装两定位销（车间工装）。

（3）在机座上平面涂密封胶。

（4）吊起机架，使用定位销将机架安装到机座上。

（5）在机座油槽内安装定位工具。

（6）根据机架排气侧基准面和机架末端护板平面，对机架在机座上找正，安装螺栓，拧紧力矩应仔细查阅图纸。

（7）在紧配螺栓孔处铰铣螺栓孔，加工并安装紧配螺栓，上紧力矩应仔细查阅图纸。

（8）在机架的首端粘贴半圆密封垫，安装首端端盖。

（9）在机架输出端安装挡油上盖，结合面涂密封胶。

3．十字头、连杆组件部装

（1）清洗十字头轴承上、下薄壁瓦内表面，下瓦涂气缸滑油。

（2）使用吊具把十字头总成吊装到连杆轴承内，十字头上表面涂气缸滑油。注意：拆去某些油孔上的密封胶带。

（3）安装十字头轴承瓦盖，用液压拉紧十字头轴承螺栓，拉紧压力，螺纹涂二硫化钼，将螺母锁死。

（4）安装十字头两端推力块，螺栓上紧。

（5）测量十字头轴瓦间隙，记录数据。

（6）测量推力块与十字头之间的间隙，间隙要求查阅图纸。

（7）按照十字头上所打的缸号，在连杆凸轮侧打印相应的缸号。

（8）为了不使灰尘和颗粒落在十字头上，应用塑料覆盖连杆上部。

4．连杆、十字头组件安装

（1）将预装时贴在连杆、十字头和滑块油孔处的密封胶带揭掉。

（2）将相应缸的曲柄盘车至排气侧。

（3）根据编号将下瓦和轴承盖吊放到油底箱。

（4）曲柄盘车至上止点位置。

（5）清洗曲柄销轴承，并涂上油或油脂。

（6）在滑块上涂一层油或油脂。

（7）在连杆上安装吊装工具。

（8）在两个导板之间调整连杆，将其附着在曲柄销轴颈上。

（9）拆卸起吊工具。

（10）为了不使灰尘和颗粒落在十字头上，将活塞杆的开口部分完全覆盖。

（11）清扫曲柄销下瓦，并在其内部涂上油或油脂。

（12）使用滑轮和绳索，将轴承盖安装在曲柄销轴颈上，安装螺母。

（13）盘车，使其曲柄臂到下止点后规定角度，检查滑块和滑板之间的最小间隙。

（14）继续盘车，使其十字头至上止点位置。

（15）用液压拉伸器平行拧紧曲柄销轴承螺栓，用塞尺检查螺母与平面是否有间隙，如果有间隙，重新拉伸，直至没有间隙为止。螺纹涂二硫化钼，螺母锁死。

（16）测量曲柄销轴瓦间隙，记录数据。

（17）安装活塞冷却油进口和出口支架。

1）根据图纸安装进口支架和定位销并拧紧，如果需要，安装和拧紧锁紧装置。

2）在前后方向检查出口支架和十字头接触表面的间隙，间隙要求为 0。

3）根据图纸，安装出口支架。

4）使回油管位于放泄管开口的中心处，如果需要，安装和拧紧锁紧装置。

5）在上、下止点位置，检查回油管是否位于放泄管开口的中心。

● 【任务考核表】

评价模块	评价内容	评价等级	综合评价
自我评价（20%）	通过本次任务学习，我学到的知识点和技能点有_____		
	不理解的有_____		
	我认为在以下方面还需要深化学习，并提升岗位能力：_____		
组内互评（30%）	按时上课，工装齐备，书、笔齐全		
	安全操作，责任心强，6S 管理规范		
	学习积极主动，合理使用教学资源，主动帮助他人		
	接受工作分配，有效沟通，高效完成工作任务		
教师评价（50%）	评语：		

任务 3.3 缸体总成安装

● 【学习任务单】

学习领域	船舶柴油机装配与调试	参考学时
项目 3	柴油机的装配	24
任务 3.3	缸体总成安装	8
学习目标	1. 掌握缸体总成的结构组成； 2. 掌握缸体装配工作的主要内容； 3. 能正确填写缸体安装工艺规程卡； 4. 能正确使用安装过程中用到的工量具。	

一、任务描述

在大型低速柴油机中，气缸套上部装有冷却水套，冷却水从水套下部进入气缸套与冷却水套之间的腔室冷却气缸套上部，然后通过冷却水套连接管进入气缸盖，冷却气缸盖各部件。缸体总成的安装关系到整个柴油机的运转性能，其装配工艺也是船舶动力工程技术人员必须掌握的专业技能之一。

二、任务实施

1. 在教师指导下，组建小组，每组 10 人，并确定组长；
2. 按任务工单进行任务分解和资料学习，做好任务分工并进行记录；
3. 了解二冲程柴油机缸体总成装配的主要内容及装配工艺，能够正确填写缸体安装工艺规程卡；
4. 小组经过讨论确定任务结果，每小组由中心发言人进行成果展示，经过全体同学讨论，确定正确结果；
5. 检查总结。

三、相关资源

教材、教学课件、图片、柴油机安装说明书、网络与图书馆资源、二冲程柴油机实训仿真软件。

四、教学要求

1. 认真进行课前预习，充分利用教学资源；
2. 充分发挥团队合作精神，正确完成工作任务；
3. 团队之间相互学习，相互借鉴，提高学习效率。

【背景知识】

1. 缸体

（1）缸体的结构。图 3-3-1 所示为二冲程柴油机的气缸体及气缸套组件结构。气缸套 3 安装在气缸体 4 内，冷却水套 2 安装在缸体上部。气缸套和气缸体之间设有导水环，冷却水经导水环下部的冷却水分配孔进入冷却水腔，自下而上进入气缸套凸肩区，最后汇集于冷却水导套，并由此进入气缸盖。

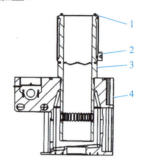

图 3-3-1　气缸体及气缸套组件结构

1—冷却水套连接管；2—冷却水套；3—气缸套；4—气缸体

（2）气缸体的安装。将气缸体底面向上，竖放于平台上，气缸体与平台之间用千斤顶支撑，在气缸体内拉一根中心钢丝线垂直于平台，以中心钢丝线为基准在缸体前、后各设置一根钢丝，使 3 根钢丝相互平行，如图 3-3-2 所示，用百分尺测量缸体前后接合面与钢丝线之间的平行度。

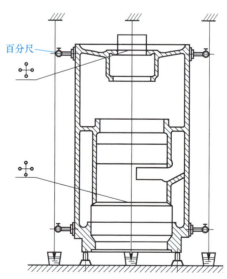

图 3-3-2　气缸体平台校正

气缸体组合后，在平台上处于自由状态，检查各气缸体接合面的紧密度，间隙不应大于 0.08 mm，其底平面与平台贴合，不允许 0.05 mm 塞尺插入。各缸分别拉一根中心钢丝线，每缸的中心钢丝线必须与上面的基准纵向钢丝线相交，误差不得大于 0.10 mm/m，如图 3-3-3 所示，然后进行各缸连接螺栓的铰配与紧固。

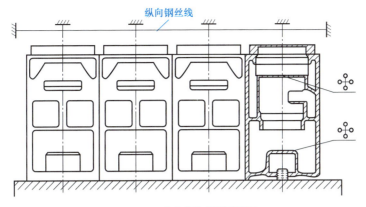

图 3-3-3 气缸体组合平台校正

（3）贯穿螺栓的安装。贯穿螺栓在柴油机中承受拉应力，安装时必须保证螺栓的紧固力均匀，以避免机座、机架和气缸因紧固不均匀而引起变形。

安装贯穿螺栓及螺母时，可在下端螺母的下面放置一个平面止推滚珠轴承，如图 3-3-4 所示，并在螺纹部位涂一层二硫化钼润滑剂。

贯穿螺栓的螺母，用普通扳手全部旋紧后，应检查确定螺母端面与机体之间无隙缝，然后进行紧固。

重型柴油机的主要紧固件，包括贯穿螺栓、气缸盖螺栓、十字头轴承螺栓、连杆轴承螺栓以及主轴承螺栓等，均采用液压拉伸器预紧的方法来紧固。

液压拉伸器的简单结构如图 3-3-5 所示，它主要由一组油缸和活塞组成，活塞 1 通过螺孔 D 拧在被拉伸的螺栓 6 的端部，油压缸 3 借助支撑垫 5 压紧在连接工件的表面上，压力油输送到油缸内，推动活塞上升，螺栓被拉伸，当螺栓被拉伸到规定长度后，扳动手柄 4 将螺母 7 旋紧。然后解除油缸内的油压，依靠螺栓弹性变形的收缩力达到紧固目的。

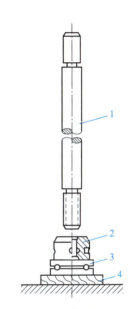

图 3-3-4 安装贯穿螺栓

1—贯穿螺栓；2—螺母；3—止推滚珠轴承；4—木板

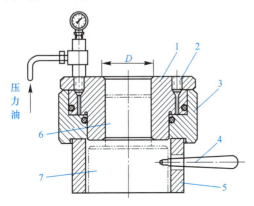

图 3-3-5 液压拉伸器结构示意

1—活塞；2—螺塞；3—油压缸；4—手柄；5—支撑垫；6—贯穿螺栓；7—螺母

贯穿螺栓的紧固次序应从柴油机的中部开始，向两端按规定顺序进行，如图3-3-6所示，图3-3-6（a）采用的是单拉伸器紧固顺序，图3-3-6（b）采用的是双拉伸器紧固顺序。采用双拉伸器紧固时，可以同时紧固两个螺栓，这就要求两个拉伸器的油压和活塞截面面积必须相等，否则会直接影响螺栓受力的均匀性，并导致机座、机架和气缸的变形。这些连接部件的变形将会在曲轴臂距差上反映出来，因此，贯穿螺栓的紧固质量可以用测量曲轴臂距差来检验。如果臂距差仍保持在预紧前的数值或变化甚微，紧固才算完成；如果臂距差变化较大，则应重新调整螺栓的紧固程度。

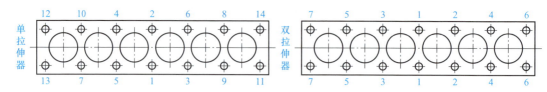

图3-3-6　贯穿螺栓紧固顺序

（a）单拉伸器紧固顺序；（b）双拉伸器紧固顺序

2．活塞组件

（1）活塞组件的结构。船用柴油机的活塞有两种结构形式，即筒形活塞和十字头式活塞。筒形活塞主要由活塞、活塞销、活塞环及冷却装置组成。对于直径较大和负荷较高的筒形活塞，为改善活塞的强度和传热，常将活塞头和活塞裙分开制造，装配成组合式活塞体。十字头式柴油机活塞的组成包括活塞头、活塞裙、活塞环、活塞杆、冷却机构以及活塞杆填料函等。十字头式柴油机活塞如图3-3-7所示。

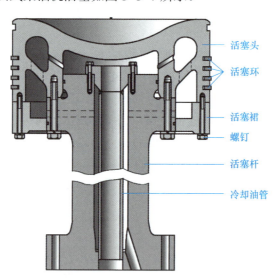

图3-3-7　十字头式柴油机活塞

活塞由活塞头和活塞裙两个主要零件组成。活塞头用螺栓紧固在活塞杆上端，螺栓用锁紧钢丝锁紧。活塞裙用法兰螺栓紧固在活塞头上，螺栓用锁紧钢丝锁紧。由于活塞头承受高温高压的燃气，活塞裙与气缸壁接触摩擦，从合理使用材料的角度来看，活塞头和活塞裙应分别由耐热合金钢和耐磨铸铁制造。活塞头顶部呈下凹形，以利于燃油和空气的混合。活塞头侧有4道安装活塞环的镀铅环槽。由于最上的两道环（或一道环）承受的气体压力较高，所以环的高度较大，称为高顶式活塞设计。第一道环是控制压力释放环，为重叠搭口，其上有6个释压槽，可以使第一、二道环承受的压力和热量更均匀；同时活塞环外表面覆以镀层材料，要轻拿轻放避免撞击。其他活塞环为斜切口在活塞头顶部的一道凹槽，用于安装活塞起吊工具。

活塞杆由锻钢制造，杆身表面经过硬化处理。活塞杆在工作中受气体力和惯性力的作用，一般只承受压力，所以要有足够的抗压强度。活塞杆由4个螺栓把活塞杆下脚板固定在十字头开口的面上，螺栓用紧固钢丝紧固。

活塞采用滑油润滑，活塞杆上有一个中心孔与冷却油管相通，冷却油管通过法兰螺钉被紧固在活塞杆的顶部。冷却油通过连接在十字头上的伸缩油管引入，经过活塞杆的中孔到达活塞头的冷却油腔，通过活塞头支撑部分的油口到达外部环形油腔。然后冷却油通过十字头活塞杆下脚板上的孔流过十字头到泄口至安装于机架内开槽的泄油管。

活塞环的主要作用是阻止气体泄漏，并将活塞头部的一部分热量传递给气缸。活塞环的密封作用主要依靠自身的弹性以及作用在活塞环内侧的气体压力，使活塞环紧贴在气缸套内壁和环槽壁面上。但由于活塞环留有搭口间隙，活塞环不能完全阻断燃气的泄漏，为了提高密封效果，活塞上要设多道活塞环，且各活塞环搭口应错开一定角度。一般二冲程柴油机设有4道活塞环。

对于大型低速二冲程柴油机，在扫气箱底部的活塞杆孔中安装有活塞杆填料函，填料函的作用是防止扫气空气和气缸漏下来的污油和污物进入曲轴箱，以免加热和污染曲轴箱滑油，腐蚀曲轴和连杆等部件，同时也防止曲轴箱中的滑油溅落到活塞杆上而带到扫气箱，污染空气。填料函如图3-3-8所示，最上面一道环槽里是由4段组成的带斜刃的刮油环，以防止扫气箱内的油污进入其他密封环，在刮油环下面是由8段组成的密封环，用来防止扫气空气向下泄漏，之后的两道环槽均安装有一个4段组合的密封环和一个8段组合的密封环。最下面4道环槽均安装3段组合的刮油环，用来刮掉活塞杆上的润滑油。

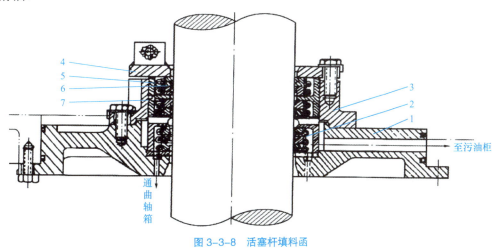

图3-3-8 活塞杆填料函

1—填料函座；2、7—刮油环；3—填料箱；4—压盖；5—捆簧；6—密封环

（2）活塞组件的安装与校正。低速重型柴油机的活塞组件由活塞头、活塞裙、活塞杆、十字头等主要部件所组成。在安装之前，为了修正机械加工的误差，这些部件必须

在平台上进行校正使之达到规定的技术要求。

活塞组件上船安装，必须在贯穿螺栓紧固，曲轴臂距差符合技术要求以及活塞、连杆装置在平台上校验合格的基础上进行。

活塞组件的校正测量从活塞开始，首先将不带活塞环的活塞、活塞杆从气缸上部吊入气缸，将十字头、连杆及连杆上下轴承由曲轴箱装入，将它们连接起来。此时，与校正无关的附属件均不连接，使各个轴承保持最小间隙，以能转动为度。然后转动曲轴至活塞处于上止点位置，用千斤顶将正车（或倒车）的滑块和十字头销一起与导板工作面顶紧贴合，不使 0.05 mm 塞尺插入，局部允许插入但深度不大于 40 mm。然后进行下述各部位的测量，如图3-3-9所示。

1）测量活塞与气缸的前、后、左、右 4 个位置的间隙 a。

2）测量活塞杆与填料箱之间的前、后、左、右 4 个位置的尺寸间隙 b。

3）测量十字头滑块正车工作面的上、下、左、右 8 点间隙 c，倒车工作面的上、下、左、右 8 点间隙 d，以及正车侧面滑板条的间隙 e，倒车侧面滑板条的间隙 f。

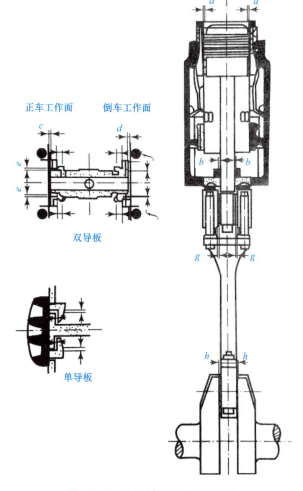

图 3-3-9 活塞连杆装置的校正测量

4）测量十字头轴承及曲柄销轴承的前后轴向间隙 g 和 h。

第一次测量结束后，拆除千斤顶，转动曲轴位于 90º、180º、270º 的位置，分别做出第二次、第三次和第四次的同样测量记录。然后分析所测数据，并确定修正方法。

校正活塞在气缸内与曲轴中心线的不垂直度，通常是通过调整前后侧向导板与修刮曲柄销轴承的耐磨合金表面来达到。活塞组件左右方向的倾斜，通过调整导板与机架装配的接合面垫片来加以消除。

活塞连杆装置校正后应满足下列技术要求：

1）固定型十字头式柴油机应考虑在正车导板一侧活塞与气缸的间隙较倒车导板一侧大 0.10～0.15 mm。活塞在气缸内任意位置时活塞与气缸的间隙变化不大于 0.15 mm，且活塞与气缸的间隙均应不小于 0.10 mm。

2）活塞型十字头式柴油机，要求活塞在气缸内的任意位置上十字头都能摆动，而且间隙值在规定范围内。

3）滑块与导板之间的间隙：在整个行程中，各相对位置测得的间隙之差应不大于

0.05 mm，侧向导板与滑块在各相对位置测得的间隙之差应不大于 0.10 mm。

4）导板与滑块的间隙必须小于活塞与气缸左右方向间隙之和。同样，滑块与侧向导板的间隙应小于活塞在气缸中前后方向间隙之和。

5）十字头轴承的轴向间隙应为 0.30～0.50 mm，连杆大端轴承的两侧轴向间隙应为 $(0.01～0.015)d$（d 为曲柄销直径）。

6）在活塞连杆装置校正过程中，必须测量曲轴臂距差，以检验运动部件装上后，是否因重量或装配不正确而引起曲轴、机架或机座变形。

校正结束后，吊出运动部件，分解清洗，然后进行总装（包括活塞环、填料函以及所属附件等），用拉伸器对活塞杆螺母、十字头轴承、连杆轴承以及主轴承等进行紧固，对各部轴承螺栓的紧固应成对分两次进行，第一次全部以 $250×10^6$ Pa 的油压预紧，第二次以规定的油压紧固，最后装上锁紧装置。

3. 气缸盖

（1）气缸盖的结构。气缸盖是燃烧室的上盖，除与气缸、活塞共同构成燃烧室外，其上还要安装各类阀件，包括气缸启动阀、喷油器、示功阀、排气阀等，并布置有进、排气道，以及其他组成部件（如冷却水套、排气阀螺栓、液压螺母、喷油器螺栓、喷油器管、螺纹放泄管等）。大型低速二冲程柴油机的气缸盖如图 3-3-10 所示。

启动阀是由启动空气分配器的空气控制部件控制的，根据主机的发火顺序，定时打开以启动主机，通过弹簧控制关闭，防止高温混合燃气的倒流。喷油器将供油系统提供的具有一定压力的燃油喷入气缸，与空气混合形成可燃混合气，在气缸内剧烈燃烧。示功阀连接示功器，通过示功器打出示功图，根据示功图计算出主机在试车调试时的有关参数。

图 3-3-10　柴油机气缸盖

气缸盖采用单体式整体锻钢制成，气缸盖除了受到螺栓预紧力、缸套支反力的作用外，还在工作中受到高温高压燃气的冲蚀，工作条件恶劣，因此气缸盖要具备足够的刚度和强度，保证其不会由于应力过大而损坏或变形导致气体泄露，以及液压拉紧时气缸盖和气缸套的均匀受力和封闭。

（2）气缸盖的安装。气缸盖安装之前，对缸盖的燃烧室和冷却水腔分别按实际工作压力的 1.5～2 倍的试验压力进行水压试验。

安装缸盖时，将活塞处于上止点位置，测量活塞顶部与气缸盖底面间的余隙容积高度，用调整垫片厚度的方法来保证各缸的压缩比。缸盖安装前，用注油器手摇注油，以检查通到气缸套内的气缸油管路是否畅通无阻。气缸盖与气缸套之间的密封用紫铜垫涂以少量石墨粉，在确认活塞顶部无杂物时，将缸盖装好。

气缸盖螺栓的紧固，根据部件大小，可采用手动扳手、风动工具或液压拉伸器。拧紧应按顺序对角交叉均匀地紧固，如图 3-3-11 所示。一般分两次完成，决不能一次顺螺母排列逐个拧紧，以免造成机械应力集中，缸盖不平，导致发动机运转时产生漏气，甚至产生气缸盖损裂等现象。

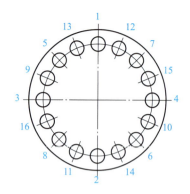

图 3-3-11 气缸盖螺栓紧固顺序

● 【任务实施】

3.3.1 缸体预装及安装

1. 缸体总成预装

（1）缸体总成预装的主要工作内容。

1）气缸体拼接；

2）气缸体螺栓紧固；

3）活塞杆填料函法兰定位；

4）气缸套组装及缸体总成泵水试验；

5）各盖板、走台支架及地板安装等。

（2）缸体总成预装工艺。

1）气缸体拼接。大型低速柴油机的气缸体多为铸件，因铸造条件限制，大多分段铸造，即 2~3 个气缸为一组铸造后，再将其拼接起来，形成一个整体。

气缸体的拼接大多采用螺栓连接，其中有若干个紧配螺栓，其余为普通螺栓。装配过程如下：

①将气缸体放置在气缸体预装平台上，对气缸体组件进行清砂、精整、去毛刺，用丙酮清洗螺纹，复查各气缸体、链轮箱连接处有无错偏现象。

②去除气缸体安装面上的油脂并涂密封胶，连接各气缸体，拧紧连接螺栓及其定距管。

③去除链轮箱安装面及缸体推力端的油脂，涂密封胶，连接气缸体和链轮箱上部，调整链轮箱凸轮侧端面至凸轮中心的距离至规定要求，按规定力矩拧紧连接螺栓，注意连接需交替拧紧。

④清洁链轮箱盖与链轮箱连接面的油脂，涂密封胶，用定位销进行定位，连接好链轮箱盖与链轮箱的连接螺栓并上紧。

⑤装好气缸体与气缸体之间、链轮箱与气缸体之间的密封圈、压板及其连接螺栓。

⑥旋紧托架螺柱至规定力矩。

⑦装好链轮箱推力端的门盖，门盖涂密封胶并上紧螺栓。

⑧装好链轮箱的天顶盖，并配好定位销，拆掉链轮箱的顶盖。

2）气缸体螺栓紧固。气缸体上的螺柱主要有气缸盖螺柱和扫气箱集气管螺柱。气缸盖螺柱用于将气缸套和气缸盖紧固在气缸体上，扫气箱集气管螺柱用于扫气箱集气管的安装。其紧固过程叙述如下：

①气缸盖螺柱紧固。图3-3-12所示为柴油机气缸盖螺柱安装示意，气缸盖螺栓安装过程如下：

在气缸盖连接螺柱的螺纹处涂二硫化钼，用专用工具旋紧螺柱，注意旋紧时避免螺柱受到弯曲应力，旋入力矩应符合规定要求，检查螺柱是否歪斜。

②扫气箱集气管螺柱紧固。在扫气箱集气管螺柱的螺纹处涂二硫化钼，用专用工具旋紧螺柱至规定力矩并检查螺柱是否歪斜。

在紧固双头螺柱时，为紧固方便，一般采用双头螺柱紧固器来拧紧，其结构如图3-3-13所示。双头螺柱紧固器由紧固螺母2和自锁螺钉1构成，两零件用反螺纹连接，紧固螺母2下部的螺纹与所需紧固的双头螺柱相配，紧固螺母2和自锁螺钉1的上方都铣有六方，以便使用梅花扳手或套筒来拧紧或旋松。

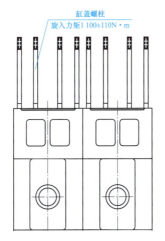

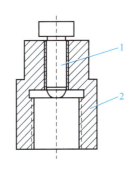

图3-3-12　柴油机气缸盖螺柱安装示意　　图3-3-13　双头螺柱紧固器
1—自锁螺钉；2—紧固螺母

紧固双头螺柱时，先将自锁螺钉1拧到适当位置，然后将紧固螺母2拧入双头螺柱，当自锁螺钉1的圆头顶住双头螺柱的端面时，由于自锁螺钉1与紧固螺母2是反螺纹，所以紧固螺母2会使自锁螺钉1与双头螺柱顶紧，从而带动双头螺柱转动，将其紧固。拆除双头螺柱紧固器时，只需将自锁螺钉1顺着双头螺柱拧紧的方向转动，自锁螺钉1就会与双头螺柱的端面脱离，再反向转动紧固螺母2，即可将双头螺柱紧固器拆下。

3）活塞杆填料函法兰定位。活塞杆填料函法兰定位是指将活塞杆填料函法兰在气缸体上预先定位，钻、铰定位销孔，并配制定位销，以便于以后的安装工作。定位过程如下：

①将缸体吊起，置于高处；

②将活塞杆填料函法兰与工装用螺栓连接，装上O形密封圈；

③将填料函壳体装到缸体上的填料函孔内，调整法兰方向，使法兰上的定位销孔方向

和排污孔的位置符合图纸要求，拧紧法兰与缸体的连接螺栓；

④根据法兰上的销孔位置，在缸体上配钻铰圆柱定位销孔；

⑤配铰之后，在填料函壳体和法兰上打上对应的缸号；

⑥根据销孔尺寸配制定位销，并打上对应的缸号。

4）气缸套组装及缸体总成泵水试验。柴油机气缸套组件的结构如图3-3-14所示，其注油嘴安装在冷却水套以下，不需穿过冷却水腔。

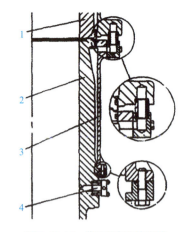

图3-3-14　柴油机气缸套组件

1—气缸盖；2—气缸套；3—冷却水套；4—注油嘴

气缸套组件的装配及气缸套在气缸体上的安装过程如下：

①气缸套组件的装配。

a.清洁气缸套。清洁气缸套，所有油道、孔口、环槽都应认真吹干净。

b.冷却水套安装。

ⓐ在缸套上部与冷却水套配合的两道环槽中装入O形密封环，并涂上润滑油脂。

ⓑ将冷却水套去毛刺，清理干净后装到气缸套外圆上，安装时注意对准冷却水套和气缸套上的标记线，用管夹和螺栓将冷却水套和气缸套固定在一起。

ⓒ在冷却水套上安装各冷却水接头和垫片，并用螺栓紧固。

c.注油嘴安装。将组装并调试好的注油嘴总成插入气缸，用螺栓紧固。

②气缸套组件在气缸体上的安装。

a.在气缸套下部环槽内装入O形密封环。

b.将组装好的气缸套组件吊装到气缸体上，安装时注意将冷却水套和气缸套上的标记线朝向燃油泵侧。对于大型缸套一定要由其自重落入缸体，不允许硬性压入。

c.测量气缸套内径尺寸，应符合图纸要求。

③缸体总成泵水试验。为检查冷却水道的密封情况是否良好，在气缸体总成装配完工后，需进行缸体总成泵水试验，其试验过程如下：

a.将组装好的气缸盖总成扣在气缸套上，旋上气缸盖螺母，用专用的液压拉伸器按规定压力拧紧；

b.在气缸冷却水进口装泵水工装，并与试压用水泵相连，在排水口注入加有防腐剂的水后，用工装盲板封堵；

c.缸体总成泵水试验，泵至试验压力，15 min内不得有任何渗漏现象。

5）各盖板、托架及地板安装。

①各盖板安装。在气缸体的燃油泵侧装有各种盖板，安装时需将盖板清洗干净，去毛刺。装入密封环或密封垫片后，用螺栓紧固在气缸体上。

②上层走台支架及地板安装。

a.托架安装。按照图纸要求，将各托架用螺栓和定距管固定在气缸体上，拧紧力矩至规定要求。

b. 地板和栏杆安装。

ⓐ将走台地板按图纸要求的位置和尺寸布置在走台支架上，现场配钻、攻螺纹孔，地板上安装沉头螺钉，并将地板固定在走台支架上。地板之间用连接板和对接搭扣连接，现场钻孔，安装螺栓和螺母。

ⓑ立柱安装在走台支架上，拧紧螺母，在立柱之间穿入栏杆。在立柱和栏杆交叉处、栏杆的接口处分别钻锥销孔，敲入锥销。

2. 缸体总成安装

气缸体组装后，应将全部气缸套压入气缸体。气缸套内壁润滑用的滑油注油枪全部装好，最后对气缸套周围的冷却水腔进行适当压力的液压试验，5 min 内不得有任何渗漏现象。

柴油机气缸体总成安装的过程如下：

（1）气缸体总成合拢前的准备工作。

1）在气缸体上装好气缸体起吊工具；

2）吊起气缸体总成，清洁并精整气缸体下平面，尤其需注意的是下平面的各种螺孔及填料函孔；

3）清洁并精整机架上平面，在机架上平面上涂密封胶。

（2）气缸体与机架的连接。

1）将气缸体总成吊装在机架上，对准紧配螺栓孔，检查气缸体及链箱下平面和机架上平面的贴合情况，大多数情况下，要求 0.1 mm 塞尺插不进；

2）以紧配螺栓定位，穿好连接螺栓并上紧至规定力矩。

3.3.2 活塞总成预装及安装

活塞总成装配工艺规程卡，见表 3-3-1。

表 3-3-1 活塞总成装配工艺规程

总装制造部装配工艺规程		机型		工序卡编号	
		工艺名称	活塞装配	工位	
		参考图纸		参考标准	
装配附图	工序号	工序名称	工序内容	工具/工装	工时/h
	1	清理各部件			
	2	安装活塞裙和冷却内插管			
	3	附件安装			
	4	连接活塞杆与活塞头			
	5	磅压实验			
	6	安装填料函组件			

续表

装配附图	工序号	工序名称	工序内容	工具/工装	工时/h
	7	活塞试压			
	8	活塞环安装			
	9	检查			
	10	吊运			
修改日期	修改审核	编制（日期）	校对（日期）	审核（日期）	批准（日期）

安装活塞总成工序内容如下：

（1）清理各部件。精整并清洁活塞头、活塞裙及相应附件，仔细检查部件表面质量，去除毛刺，用丝锥回攻活塞杆螺纹；用压缩空气吹净所有的螺纹孔及活塞头部的油腔、油道，保证油孔畅通清洁无杂物。

工艺装备：丝锥。

（2）安装活塞裙和冷却内插管。

1）清洁冷却油喷射管，检查管内壁是否光滑。将冷却油喷射管安装至喷射法兰上，螺纹喷涂胶粘剂并铆死。

2）将冷却插管吊起并插入活塞杆，对称把紧双头螺栓；活塞总成安装内插管，自锁螺母预上紧。

3）在活塞裙上安装O形密封圈，将活塞裙吊装于倒置的活塞头上，将连接螺栓依次对称拧紧，并用铁丝锁死。

（3）附件安装。

1）在活塞杆上（与活塞头连接面）安装中间圆盘，用内六角沉头螺钉上紧；

2）在活塞杆与活塞裙接触面安装O形密封圈。

工艺装备：内六角扳手。

（4）连接活塞杆与活塞头。

1）利用活塞杆吊具，将活塞杆吊装于活塞组件内，注意活塞杆地脚与活塞头的安装标记要朝同一方向；

2）安装活塞杆与活塞头连接双头螺栓，旋入液压螺母至规定压力，对角上紧。

工艺装备：活塞杆吊具、液压拉伸器、力矩扳手。

（5）泵压试验。安装泵压工具进行泵压试验，要求泵压至规定压力，且30 min内不得渗漏。活塞总成泵压试验，如图3-3-15所示。

工艺装备：活塞试压工装、活塞试压站。

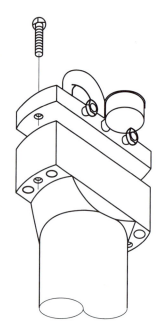

图3-3-15 活塞总成泵压试验

（6）安装填料函组件。

1）在填料函研磨胚具上，用蓝油检查刮油环和密封环的接触面积应大于75%，否则应进行刮研；

2）在平台上用普通螺栓连接填料函两半壳体并上紧，连接面间隙应小于0.05 mm，壳体上平面应平整，否则应修理直至满足要求；

3）连接面中间孔配制紧配螺栓；

4）在壳体内预装刮油环和密封环，注意检查间隙；

5）在活塞杆上安装填料函的部位涂雾状二硫化钼，将壳体内预装的环取出，按顺序用拉伸弹簧将其固定在活塞杆上，注意各道刮油环搭环上下交叉错位，调整各环之间间隙以便安装壳体；

6）将填料函两半壳体用螺栓连接，安装中间两个紧配螺栓，所有螺栓上紧至规定力矩；

7）安装填料函壳体外的O形密封圈。

工艺装备：填料函研磨、坯具、塞尺、直刃铰刀、弹簧拆卸专用工具、力矩扳手、填料函顶升工具。

（7）活塞试压。试压后，将活塞泄油，平放在地面上。封堵油路，进行其他附件的安装工作。

工艺准备：活塞试验站。

（8）活塞环安装。

1）测量活塞环的自由伸长度。

2）在活塞头上安装活塞环。注意：环上有"TOP"标记的一面朝上；活塞环开口为搭口形式；第一道环厚，第二、三道环较薄；相邻各环之间接口错开180°。

3）测量各环在环槽中的天地间隙是否符合要求。

4）在活塞杆、活塞头、活塞裙和填料函壳体上敲好钢印标记，其中活塞杆与活塞头上的钢印在敲好后需修平。

5）在活塞杆底脚上安装填料函定距工具（顶丝），待上机安装使用。活塞环安装位置为图3-3-16①~③处。

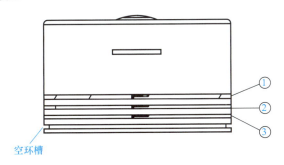

图3-3-16 活塞环安装位置

工艺装备：活塞环安装工具、塞尺、字头、手锤。

（9）检查。检查组件的完整性及螺钉紧固、保险，对所有光坯面涂防锈油，并用蜡纸或塑料薄膜包好，所有孔用胶布封住。

（10）吊运。在活塞总成吊起后，将残油泄放到油盘内，在活塞杆底部系接油塑料袋并吊至活塞运转架上待装。

3.3.3 缸盖、排气阀总成部装及安装

1. 气缸盖的装配

气缸盖装配工艺规程卡，见表 3-3-2。

表 3-3-2　气缸盖装配工艺规程

总装制造部装配工艺规程		机型		工序卡编号	
		工艺名称	气缸盖装配	工位	
		参考图纸		参考标准	
装配附图	工序号	工序名称	工序内容	工具/工装	工时/h
	1	清理安装面			
	2	安装清洁环			
	3	安装保护套			
	4	吊装气缸盖			
	5	拧紧螺栓			
修改日期	修改审核	编制（日期）	校对（日期）	审核（日期）	批准（日期）

气缸盖装配工序内容如下：

（1）清理安装面。清洁并精整气缸盖与缸套的安装面。

（2）安装清洁环。在缸套上安装活塞清洁环及缸口垫片，注意清洁环"TOP"标记朝上。

（3）安装保护套。将气缸盖保护套安装于特定缸盖上，用顶丝固定于水圈上。注意检查缸盖保护套不要与其他部件干涉。

（4）吊装气缸盖。将气缸盖吊装到缸套上，并在缸盖螺栓螺纹部分喷涂二硫化钼；平稳地吊起气缸盖，缓慢地装入冷却水套，操作时要格外小心，不能碰坏密封圈。

（5）拧紧螺栓。从自由端开始，拉线确认排烟法兰面是否在同一平面上。同时液压拉紧缸盖螺栓，拉紧压力为拉伸器工作压力，装好缸盖螺栓保护帽。

2. 排气阀的装配

把排气阀所有的零部件清理干净后，吊起排气阀壳体，对准阀座上的定位销，将排气阀壳体落座在阀座上，用两个内六角尖头螺栓固定，使排气阀壳体与阀座连为一体。

阀座上装有一道密封圈和一道密封环，上面一道多为氟橡胶密封圈，下面是不锈钢弹簧支撑的聚四氟乙烯密封环。这道密封环开口面朝上，在装配时绝不可用利器撬，可用热水将其加温后进行装配，然后涂上润滑油脂，将排气阀与阀座以整体装入气缸盖。

在这道工序的装配中，要注意以下几点：

（1）排气阀吊装要平行扶正，防止排气阀螺栓碰到密封圈和密封环，在即将落入气缸盖口时要缓慢进行。

（2）气缸盖与阀座的安装平面要无毛刺、无高点，否则会在燃气泄漏和水压密封试验时发生渗漏。

（3）液压拉紧排气阀螺母，排气阀与气缸盖组成封闭的冷却水腔。

3. 排气阀总成装配工艺

气缸盖排气阀总成装配工艺规程卡，见表 3-3-3。

表 3-3-3 气缸盖排气阀装配工艺规程

总装制造部装配工艺规程		机型		工序卡编号	
		工艺名称	气缸盖排气阀门总成装配	工位	
		参考图纸		参考标准	
装配附图	工序号	工序名称	工序内容	工具/工装	工时/h
	1	气缸盖冷却水套安装			
	2	清理气缸盖孔道			
	3	安装启动阀、喷油器			
	4	排气阀总成安装			
	5	气缸盖排气阀总成安装			
	6	示功器和 PMI 系统			
修改日期	修改审核	编制（日期）	校对（日期）	审核（日期）	批准（日期）

气缸盖排气阀总成装配工序内容如下：

（1）气缸盖冷却水套安装。

1）精整并清洁所有待装的零件，去油封并检查气缸盖及冷却水套的表面质量及各安装密封面有无缺陷、气缸盖下部与缸套的密封面有无损伤，精整外形并去除毛刺；

2）将冷却水套用木方垫起放稳，注意避开气缸盖冷却水套内孔；

3）用布扣吊起气缸盖，注意调平；

4）在气缸盖 O 形密封圈涂抹凡士林，将其安装至气缸盖的凹槽内；

5）在气缸盖冷却水圈上方，用吊车调正气缸盖位置，对准燃油侧炉号标记，慢慢将其装入气缸盖冷却水圈；

6）在气缸盖冷却水圈固定螺栓上喷涂二硫化钼，安装内六角螺栓，并上紧至规定力矩。

（2）清理气缸盖孔道。

1）检查缸盖螺孔并攻螺纹，清洁所有螺孔并用压缩空气吹净；

2）用专用风动钻系白布清洁喷油孔、启动风孔、示功考克孔，并用抹布清洁干净，再用胶封死。注意：切勿损伤阀口。

（3）安装启动阀、喷油器（图 3-3-17）。

1）在启动阀和气缸盖的安装面上涂润滑油脂，将启动阀装入气缸

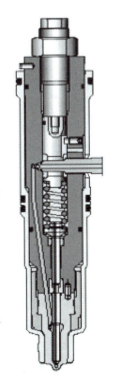

图 3-3-17 喷油器

盖，旋入力矩见说明书，旋入后用指定胶粘剂填充螺孔圆周缝隙。

2）将启动阀安装到相应位置，连接螺栓螺纹涂二硫化钼后旋入气缸盖，旋入力矩见说明书。旋入后，用胶粘剂填充螺孔圆周缝隙，装好垫圈，按规定的力矩拧紧启动阀螺母至规定角度。注意：拧紧时应至少分3次轮番拧紧，最后达到拧紧力矩要求。

3）在喷油器的定位周围及座面上涂润滑油脂，将喷油器安装到相应位置。双头螺栓螺纹上涂二硫化钼后，将喷油器装入气缸盖，在喷油器螺柱上装好定距套管并拧紧螺母，拧紧力矩应符合规定要求。检查喷油器与油孔间隙应均匀，旋入后用胶粘剂填充螺孔圆周缝隙。

（4）排气阀总成安装。

1）清理阀杆，将阀杆垂直整齐摆放于橡胶工作面上。

2）清理干净排气阀壳体和衬套，在衬套上安装两道密封圈，注意密封圈上涂抹凡士林，衬套上安装密封圈。

3）将衬套装入排气阀壳体，并用内六角螺栓紧固（用塞尺检查衬套与阀壳对称4点间隙应符合要求）。

4）安装好衬套顶端环槽的密封环后，安装衬套顶端的圆法兰，并用内六角螺栓紧固，安装衬套顶端的圆法兰。

5）在排气阀壳体气缸底部安装安全阀、单向阀及衬套密封检查丝堵。

6）清理排气阀壳体底部及排气阀底座加工表面并放置在橡胶垫上，在底座上平面凹槽内安装O形密封圈，O形密封圈表面均匀涂抹凡士林。

7）利用排气阀壳体吊具将其吊至排气阀底座上方并慢慢降落于排气阀底座上，用专用工装将两者固定在一起，将其整体吊装至排气阀杆上。

8）在风动活塞上安装滑动轴承和密封圈。注意：在安装之前检查滑动轴承和密封圈的完整性，并用100℃热水将其加热至少5 min。

9）在气缸底部注入干净滑油至放泄丝孔处，然后安装风动活塞至排气阀阀杆上，慢慢降落于排气阀壳体上。利用事先准备好的两个半圆锥形套和圆法兰，用4个螺栓将风动活塞固定在排气阀杆上并锁紧。

10）清理促动活塞，将促动活塞放置到调节盘专用安装工具内，用顶丝将调节盘安装至促动活塞内。

11）将液压油缸在橡胶垫上清理干净后垂直放置，安装顶端和侧面丝堵。

12）液压油缸水平放置，将促动活塞装入油缸，用两个螺栓固定带孔法兰并锁紧。

13）吊装液压油缸至排气阀壳体上，用液压拉伸器液压上紧油缸螺栓。

14）排气阀连接控制空气使排气阀关闭，用塞尺检查排气阀杆与排气阀底座之间应无间隙。用专用测量工具测量排气阀桥规值是否满足要求。如果桥规值不在要求范围内，根据试验数据调整促动活塞内部调节盘的厚度，直至桥规值符合要求。调整好后，拆下液压油缸及促动活塞，在促动活塞上安装两道活塞环，然后复位液压油缸。

（5）气缸盖总成安装。

1）拆下排气阀壳体与底座的固定工装，将排气阀总成吊装至缸盖总成上方，与扫气燃油方向对齐。在排气阀底座上安装O形密封圈，注意在O形密封圈上均匀涂抹凡士林。

2）慢慢降落排气阀总成，注意使排气阀固定螺栓孔对准缸盖排气阀液压螺栓。待其降落后，安装排气阀固定螺母，用专用液压拉伸器上紧排气阀固定螺栓，并画线做标记。

3）在气缸盖排气阀总成上安装泵水工装，对气缸盖总成进行泵压实验。

（6）示功器和PMI系统。

1）在气缸盖上紧固双头螺栓，螺纹上涂螺纹紧固胶。

2）依次安装PMI传感器和示功器总成，并将对角螺栓把紧，注意在PMI传感器两端安装铜制密封圆垫，至此气缸盖排气阀总成安装结束。

4. 喷油器及缸盖阀件安装

（1）将气缸盖上的喷油器孔和喷油器清洁干净，把喷油器涂上二硫化钼后装入喷油器管内，放上弹簧壳体，旋紧螺母。检查弹簧壳体与压盖平面的间隙是否满足要求、喷油嘴与孔的间隙是否均匀、喷油器密封圈位置是否正常。

（2）将气缸盖安全阀的螺纹涂上二硫化钼，放上垫圈，旋紧安全阀。

（3）将启动阀与气缸盖的安装面加工平整，擦拭干净气缸盖上的启动阀口，用着色法检查气缸盖上启动阀口的密封着色有无断桥。若着色有断桥，则必须用阀口研磨工具研磨，直到着色无断桥为止。着色断桥密封不严或偏移、气缸内的燃气泄漏，都会引起启动空气管过热。当过热严重时，启动空气管上的油漆会变色。把启动阀上的密封圈涂上微薄的润滑油脂，将启动阀装入气缸盖。拧紧时应至少分3次拧紧，最后达到力矩要求。

（4）示功阀总成连接完后，加上经过火软化的紫铜垫，用4个螺栓对角依次把示功阀旋紧在气缸盖上，不能偏移，否则会在试车时泄漏高温燃气，烧伤试车人员。

5. 排气总管及增压器安装

缸盖总成安装好后，即可安装排气总管和增压器。排气管进口通过膨胀接头与缸盖上的排气阀相连，而排气管出口通过膨胀接头与增压器进口相连接。膨胀接头安装时要注意气流流向，不要装反，否则会增大柴油机的排气阻力，降低柴油机工作效率，并缩短膨胀接头的使用寿命。

（1）柴油机排气总管安装的过程如下：

1）将排气管吊起，清理安装面；

2）将排气管落在方座上，用螺栓紧固，螺纹处涂二硫化钼；

3）排气管两端用螺栓、扁钢、定距管和螺母，将排气管与支承板连接起来，再装绝热垫层；

4）在排气管与缸盖排气阀之间装膨胀接头，注意膨胀接头的气流方向，在安装面涂高温密封胶，螺栓涂二硫化钼后，旋入螺孔拧紧；

5）在膨胀接头处安装绝热层。

（2）增压器布置及安装。柴油机增压器布置及安装的过程如下：

1）在膨胀接头与扫气箱安装面涂高温密封胶，螺栓涂二硫化钼，将膨胀接头固定于扫气箱上；

2）在增压器燃气进口和压气机出口法兰面涂高温密封胶，将增压器吊至扫气箱，在安装孔处放上垫片，并旋入螺栓；

3）调整增压器位置，用螺栓将增压器与扫气箱连接，用螺栓和螺母将增压器与排气管连接，螺纹处涂二硫化钼；

4）在增压器支座的预钻孔中与扫气箱配钻、铰锥销孔，敲入锥销；

5）在两膨胀接头处、燃气进口处安装绝热层。

● 【拓展知识】

不同机型的主机，缸体总成的预装及安装工艺流程也存在差别。MAN B&W 6S60MC 型柴油机的缸体预装、安装及主要部件的安装工艺流程如下：

1. 缸体的预装

（1）缸体预装的准备。

1）清理缸体内的沙泥和铁屑等。

2）检查贯穿螺栓安装孔和活塞冷却油保护管安装孔是否铸造肥大，以致贯穿螺栓、活塞冷却油保护管无法安装，如出现上述问题应通知有关方面修复。

3）缸体平放到车间地面的厚木板上，在缸体的上、下平面的铸造工艺孔处安装螺塞，螺纹涂密封胶。

4）安装缸盖螺栓，旋入力矩参见说明书，螺纹涂二硫化钼。待缸体直立之后，绕缸盖螺栓根部填充单组分硅橡胶，以防螺纹腐蚀。

5）缸体直立，其下平面一侧搭在预装平台上，另一侧搭在长条生铁座上，每两缸体之间要保持一定的间距，以便在水压试验时观察水密封情况。

（2）气缸套总成的组装与安装。

1）气缸套出库后，放在油锅中煮烫以清除保养油。

2）检查缸套内孔上缘坡口的尺寸与角度。

3）缸套直立在落地平台上，在缸套上部安装橡胶密封圈，橡胶密封圈涂动物油脂。

4）在缸套上部安装冷却水套，在冷却水套上安装吊耳，使用吊具把水套安装到缸套上，冷却水套上平面的凸轮轴侧标记应对准缸套上平面凸轮轴侧标记，使用压板和螺栓把冷却水套固定到缸套上。

5）使用吊具把缸套总成吊起，在缸套下部安装橡胶密封圈，橡胶密封圈涂动物油脂。

6）缸套总成吊装到缸体内，缸套座面与缸体上平面之间涂密封胶，缸套上平面上的凸轮轴侧标记应朝向缸体的凸轮轴侧，冷却水套进水孔与缸体出水孔应保持同心。

7）在缸体与冷却水套之间安装冷却水连接件，如有必要则将上、下腰形法兰结合面转机加车间磨床加工，以保证密封性。

8）测量缸套内径，安装缸套内径测量工具，按照该测量工具所给的测点测量缸套前后、左右方向的内径尺寸，并做记录。

（3）缸体总成水压试验。

1）安装缸盖总成，检查缸盖下部结合面不得有异物。

2）根据缸体总成水压试验工装图，安装水压试验工装（车间工装）进行水压试验。检查缸体各部位及密封部位不得有任何泄漏，水压试验的压力值以及保持压力的时间由技术部门通知。

3）在缸盖总成由于某种原因未能装配完成的情况下，可以对缸体总成单独进行水压试验，水压试验工装则由技术部门另行给出。缸盖总成在装配完成之后，则须单独予以水压试验。

（4）缸体连接。

1）链轮箱体位于输出端，缸体总成应依据机加工车间提供的缸体排列顺序图在预装平台上排列，缸体端盖位于自由端，所有部件均以排气侧为基准对齐。

2）使用塞尺检查各结合面之间的间隙。

3）所有部件使用连接螺栓紧固（紧配螺栓孔除外），紧固力矩或上紧角参见图纸要求，螺纹涂二硫化钼。

4）使用液压拉伸器、高压油泵、特制拉刀加工缸体连接紧配螺栓孔成品。

5）在成品后的紧配螺栓表面涂二硫化钼，钉入紧配螺栓孔。

6）紧固紧配螺栓，紧固力矩或上紧角参见图纸要求，螺纹涂二硫化钼。

（5）安装缸体总成附件。

1）在缸体上平面结合处安装橡胶密封条，压板盖死。

2）安装活塞冷却油保护管，保护管下部的橡胶密封圈涂动物油脂。

3）安装燃油泵侧盖板。

4）安装各种双头螺栓。

①凸轮轴箱体安装用双头螺栓。

②凸轮轴侧走台支架安装用双头螺栓（在安装之前应检查两缸体的平面是否平齐，如有必要，予以修整）。

③扫气管支架安装用双头螺栓。

以上各种双头螺栓的旋入力矩值参见图纸要求。

（6）安装气缸注油器。

1）安装前应检查确认气缸注油器装配正确，以防注油器内钢球装错而损坏气缸滑油泵。

2）检查缸体总成上平面贯穿螺栓的螺母安装处两部件之间的高度差。

3）安装凸轮轴侧走台支架。

2. 缸体总成安装

（1）在车间工作场地摆放缸体总成支承架（车间工装）。

（2）根据缸体总成吊装图，在缸体总成上安装吊装工具（车间工装），把缸体总成吊放到支承架上。

（3）在缸体下平面安装活塞杆填料函托盘，托盘按缸体填料函孔找正。钻铰定位销孔，钉入定位销铆死，螺栓紧固锁死。

（4）安装活塞冷却油动管填料函，该填料函的安装有一定的位置要求，填料函上的螺孔用于悬挂冷却油动管。

（5）将缸体总成吊起，安装活塞冷却油动管，并用临时螺栓把活塞冷却油动管悬挂到缸体总成上。

（6）清理缸体总成下平面和机架上平面。

（7）将缸体总成座放到机架上平面上，使用塞尺检查缸体总成与机架结合面之间的间隙。

（8）缸体总成吊起，缸体总成下平面和机架上平面使用丙酮清洗干净，机架上平面涂密封胶。

（9）在缸体首、尾两端对角的两个弹性销孔处各装一定位销（车间工装），利用定位销找正，将缸体总成座放到机架上，上紧所有的连接螺栓，上紧力矩或上紧角参见图纸要求，螺纹涂二硫化钼。

注：在缸体总成总装之前，下述工作也应完成：

（1）安装凸轮箱和凸轮轴。

（2）安装气缸滑油泵输出轴。

（3）安装调速器与传动系统。

（4）安装空气分配器（分配盘式空气分配器，例如 L70 机）。

（5）安装小链条张紧器。

（6）安装凸轮轴侧走台及栏杆。

3. 活塞的组装与安装

（1）活塞的组装。

1）活塞所有的组件均应清理干净，各油腔内不得有铁屑、异物和锈迹。

2）在活塞杆内安装冷却芯管，螺栓上紧锁死，螺纹涂二硫化钼。

3）活塞头用两块厚木板垫起。

①安装活塞裙，橡胶圈涂滑油，上紧螺栓并锁死，螺纹涂二硫化钼。

②安装活塞杆，通过定位螺栓的引导，活塞杆落在活塞头上，橡胶圈涂滑油，螺纹涂二硫化钼。

③安装车间工装，接车间压缩风做气压试验，活塞头裙部浸在油槽内，保持 15 min。

（2）安装活塞环和填料函。

1）测量活塞环的厚度、高度和搭口间隙。

2）在活塞环内表面打印缸号和位置号。

3）活塞平放，裙部和杆部用木墩垫好，使用活塞环安装工具（随机工具）安装活塞环。

4）测量活塞环天地间隙。

5）将填料函的橡胶密封圈套在活塞杆上，安装刮油环和密封环。

6）装上填料函一半壳体，测量刮油环和密封环的天地间隙，盖上另一半壳体，上紧铣眼螺栓，锁死，橡胶圈涂滑油。对于自制的填料函，其刮油环和密封环内径使用胎具进行研配，使之与活塞杆外径相符，并沾色检查。

7）安装压缩垫。

①安装压缩垫时应与技术人员联系，以确认压缩垫的厚度尺寸。

②压缩垫的厚度尺寸与活塞杆定位销长度、活塞杆紧固螺母垫片厚度有关。

（3）活塞总成安装。

1）在缸套上沿放置活塞导入工具（随机工具）。

2）气缸套内表面涂滑油。

3）曲轴盘车至该缸上止点前 30°左右。

4）使用活塞吊具（随机工具）把活塞吊到气缸套上方。

5）将活塞缓缓地降落。在降下活塞的过程中要注意：

①活塞环进入导入工具之前，要使相邻两活塞环切口呈 180°错开。

②活塞杆根部通过填料函托盘时，不要与其切口相碰。

③活塞吊具距导入工具 30 mm 时停止下落。

6）向上止点方向盘车，仔细观察十字头上的定位销进入活塞杆的中心孔。盘车至上止点，拆去活塞吊具和活塞导入工具。

7）盘车使活塞下降到适当位置，把活塞杆紧固到十字头上。

8）在活塞杆根部（凸轮轴侧）打印缸号。

（4）安装止点指示器。用千分表找出1#缸上止点，在机架输出端安装止点指示器，指针对准飞轮上1#缸上止点刻度，校核其他缸上止点和飞轮刻度，钻铰定位销。

（5）安装缸盖。参见工艺规程。

（6）活塞组件找正。参见工艺规程。

4．缸盖的组装与安装

（1）缸盖的组装。

1）清理缸盖。用两块厚木板垫起缸盖，清理缸盖所有的孔道，包括排气阀、启动阀、喷油器、安全阀、示功阀等安装用孔和冷却水孔。

2）安装螺塞、支管等附件，螺纹涂二硫化钼。

3）仔细地检查各油缸的尺寸和表面粗糙度应满足图纸要求。

4）油缸内喷二硫化钼，装入油活塞，要注意橡胶圈和保护圈的安装位置。

①在拉伸圈凸轮轴侧螺孔旋入快速接头，螺纹涂胶，装放气丝堵。

②在拉伸圈凸轮轴侧（快速接头附近）打标记。

5）安装排气阀。

①在缸盖上旋入排气阀紧固螺栓，螺纹涂二硫化钼。

②把冷却水连接件分别装到缸盖和排气阀上，橡胶圈涂肥皂水，螺钉不要紧固。

③排气阀座上、下两道橡胶圈涂二硫化钼，把排气阀装到缸盖上，螺纹涂二硫化钼。

④紧固冷却水连接件螺钉。

6）安装喷油器。

①在缸盖上旋入喷油器紧固螺栓，螺纹涂二硫化钼。

②装上喷油器，喷油器外表面和橡胶圈涂二硫化钼。

③安装蝶形弹簧组，交替上紧两螺母，使压盖与弹簧壳体的距离满足冷车状态下的规定要求，并保证检查尺寸。

7）安装启动阀。

①使用车间工装分别对启动阀与缸盖相互接触的平面予以研磨，并沾色检查。

②安装启动阀紧固螺栓。

③启动阀密封圈涂二硫化钼。

8）安装启动阀。启动阀螺母轻轻旋靠后，交替上紧两螺母（至少分3步），使螺母转动40°后松开两螺母，再次交替上紧螺母至规定力矩。

9）安装安全阀。

①螺纹涂二硫化钼。

②调整安全阀开启压力。

③如有必要，对安全阀开启压力予以调整，参阅维护保养说明书。

10）安装示功阀。在示功阀与缸体的结合面涂胶。

（2）缸盖总成安装。

1）缸盖的安装。

①用眼检查缸盖和缸套的结合面，不得有异物和损伤，把两平面擦拭干净。

②使用二硫化钼把缸口垫粘贴在缸套上平面。

③把冷却水连接件分别装在冷却水套和缸盖上，橡胶圈涂肥皂水，螺钉不要紧固。

④将缸盖吊装到位。安装内外螺母，使用扳手上紧内螺母，使油活塞行程为零，然后把内螺母倒转1/2圈。

⑤紧固冷却水连接件螺钉。

2）排气阀找正。以首、尾两缸排气阀与中间短管的接触面为基准，拉一钢丝线，对排气阀予以找正。

3）安装排气阀中间短管。所有的结合面和螺栓均涂二硫化钼。

4）缸盖与缸体总成一并进行水压试验。

5. 扫气管的装配与安装

（1）止回阀装配。

1）在止回阀壳体上安装翻板，钻铰翻板心轴弹性销孔，钉入弹性销铆死，要求翻板绕心轴转动灵活。

2）止回阀总成吊进扫气管内安装就位，壳体翻板阀座面与水平面呈一定的夹角，每一支座与壳体配钻铰定位销孔，钉入定位销铆死。

（2）安装扫气管内脚踏板。

（3）蝶阀装配。

1）蝶阀组装。要求蝶阀装配成品以后，使用3个手指捏住蝶阀心轴端部就可将蝶阀轻轻打开或关闭。在扫气管总成装配成品之后，须再次做此试验。

2）蝶阀安装到止回阀总成上。

（4）安装吸气管和辅助鼓风机。

1）使用密封胶把橡胶密封条粘贴到辅助鼓风机连接法兰的凹槽内。

2）研配吸入管。由于焊接误差，吸入管须在辅助鼓风机和蝶阀之间研配，甚至有可能把吸入管断开，待研配后重新焊接。注意保证吸入管端面与扫气管端面的距离。

3）安装辅助鼓风机，自由端为1#辅助鼓风机，输出端为2#辅助鼓风机。

4）以蝶阀端专用法兰的定位螺孔为基准，在吸入管上钻孔，拧入定位螺钉，铆死。

（5）安全阀装配。

1）弹簧套旋入阀座后，在其连接螺纹处攻螺纹，拧入螺钉，螺纹涂胶。

2）将阀板橡胶密封圈背面与外侧面涂胶粘贴在阀板槽内。

3）3个顶起螺钉涂胶，旋入阀板，装上开口销。

4）安全阀装配成品，弹簧压缩长度参见图纸要求。

5）安全阀压力试验。

6）阀板钻孔，装开口销使槽形螺母止动。

7）安全阀加橡胶垫装到扫气管上。

（6）在扫气管上安装启动阀、盖板等附件。

（7）中冷器装配与安装。

1）中冷器壳体加支腿在车间地面垫稳放好。

2）中冷器芯子装进壳体，结合面涂密封胶，由于制造上的误差，中冷器芯子装进壳体时须仔细研配，以便中冷器芯子能容易地在壳体内推进或拉出。

3）安装壳体端盖，结合面涂胶。

4）安装气水分离器，注意气流方向。

5）用螺钉把气水分离器固定到中冷器壳体。安装气水分离器盖板，结合面涂胶。

6）安装其他附件，螺塞螺纹涂胶。

7）扫气管与中冷器连接，螺栓紧固后，使用塞尺检查结合面不得有间隙，结合面涂胶。

(8) 扫气管总成安装到主机上。

1）缸体法兰与扫气管法兰之间加石棉垫（代替实用橡胶垫）。

2）扫气管总成找正。要求：上下方向以机架上平面为基准，前后以缸体法兰螺孔为准。

3）紧固螺栓，紧固力矩值参见图纸要求。

6. 气缸滑油泵找正安装与定时调整

(1) 找正工具准备。主要包括水平仪两台，刀口尺一把，专用千分尺一个（车间工装），拉线架子一副（车间工装），找正假轴，轴套一组（车间工装）。钢丝线直径及长度根据机型而定。

(2) 末缸气缸滑油泵找正定位。

1）以链轮箱上的输出中间轴为基准，对末缸滑油泵予以找正。使用刀口尺检查输出中间轴与滑油泵轴的对中性。

2）将水平仪放置在末缸滑油泵上平面（滑油泵上盖板拆去）上，校核其水平度。

3）钻铰油盘与滑油泵，油盘与凸轮箱壳体之间的定位销孔成品油盘与滑油泵之间装两个紧配螺栓，油盘与凸轮箱壳体之间装两个圆柱销。

(3) 其余气缸滑油泵找正定位。

1）其余气缸滑油泵的找正定位顺序自后至前，即以 $n—n-1—n-2—······—2—1$ 的顺序进行。

2）以 $n\#$ 缸气缸滑油泵轴为基准，使用找正假轴和轴套对 $(n-1)\#$ 缸滑油泵轴进行初步找正。要求两轴套能够在假轴和滑油泵轴上滑动自如，无卡死现象。

3）在找正假轴和 $(n-1)\#$ 缸气缸滑油泵上放置水平仪，校核找正假轴与滑油泵的水平度。要求水平度允差 ≤ 0.10/1 000 mm，记录数据。

4）余下的气缸滑油泵均按第 2）、3）项的找正方式和技术要求按顺序进行。

(4) 校核修正滑油泵轴水平方向轴线误差。

1）在链轮箱壳体与 1# 凸轮箱壳体处分别布置拉线架，拉钢丝线。

2）钢丝线以输出中间轴和 $n\#$ 滑油泵输出轴两点为基准找正，使钢丝线与上述两点形成的直线平行。

3）测量各滑油泵轴至钢丝线的距离（使用专用千分尺），记录数据。

4）钻铰各缸气缸滑油泵的各定位销孔成品，安装紧配螺栓和定位圆柱销（$n\#$ 缸此项工作已完成）。

(5) 气缸滑油泵定时调整与检查。

1）1# 缸曲柄盘车至上止点。

2）使用定时规调整各缸滑油泵，使每一滑油泵刻度盘上的泵油冲程结束标记与定时规上标明的该缸缸号的标记重合。

3）安装连接轴和弹性联轴节，紧固螺栓并锁死。

①在连接轴两端打标记。

②检查滑油泵定时。

③使用千分表检查连接轴两端的径向跳动，记录数据。

（6）安装保护罩等附件。

7. 缸体总成安装质量检验

（1）缸体和扫气箱安装检验。

1）检验前应具备的条件。机架、缸体和扫气箱应具有验船部门的钢印和合格证书。此外，选择好使用的胶粘剂（密封胶）。

2）检验内容和方法。

①检验目的。这些大件的材料强度、制造精度由制造厂保证。船厂安装时则要保证大件之间相互连接的紧密性，柴油机运转时，其连接平面应无泄漏。

②检验方法。

a. 在螺栓未旋紧前，检验连接平面，要求 0.05 mm 塞尺不应插入，但局部地方允许插入；用 0.10 mm 塞尺检验，插入深度不大于 30 mm；用 0.15 mm 塞尺检验，应插不进。

连接平面应涂上规定的密封胶（一般由主机制造厂提供）。应注意：须在密封胶干燥之前将螺栓旋紧，这样可以确保连接平面的密封性。

b. 机架与气缸体、气缸体与扫气箱的连接平面的检验方法同上。

c. 检验气缸注油器油路是否畅通，方法是用气缸注油器向气缸套内注油，发现不通即予以消除。

（2）贯穿螺栓安装检验。柴油机的主要固定件，如机座、机架、气缸体等部件，用贯穿螺栓将它们连接在一起，成为坚固的柴油机机身结构。所以，对贯穿螺栓的拉紧过程要进行检验。

1）检验前应具备的条件。

①贯穿螺栓必须有验船部门钢印和证书；

②检验用的液压拉伸工具和压力表均经检定合格。

2）检验内容和方法。

①外观检验，螺栓应无损伤，螺纹完好。安装时应在螺纹上涂二硫化钼润滑剂。

②螺栓液压拉伸顺序按工艺技术文件的规定进行。

下面以 MAN-B&W5L70MC/MCE 型柴油机为例介绍贯穿螺栓拉紧顺序。

首先将中间一对贯穿螺栓拉紧，然后向两边交错延伸拉紧，如图 3-3-18 所示，顺序为 1—2—3—4—5—6—7。

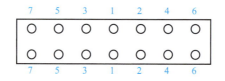

图 3-3-18 贯穿螺栓上紧顺序

安装时要按图 3-3-18 所示，从中央向柴油机两端左右交替进行，一般分两个阶段上紧螺母，不准单根上紧和放松，一定要成对进行。紧固时要分两个阶段，每个阶段应达到的螺栓伸长量或液压专用工具的泵油压力要符合说明书的规定。多缸柴油机，各个气缸盖安装时要互相照应，最好在进气总管和排气总管的螺栓均装好后，再最后拧紧气缸盖螺母。

（3）活塞组、十字头和连杆总成安装检验。活塞组、十字头和连杆等部件的主要作用是将气缸内的爆炸压力，通过活塞的直线运动转变为曲轴的旋转运动。它们的工作条件较为恶劣，活塞与燃烧的高温气体接触，连杆做复杂的摇摆运动，所以它们的质量将直接影响柴油机的运转。对这些运动件的检验都是非常严格的。

1）检验前应具备的条件。活塞组、十字头和连杆必须具有验船部门的钢印和证书。

2）检验内容和方法。

①活塞组、十字头和连杆等部件表面应清洁、无损坏和拉毛，才能进行组装。

②活塞与气缸配合间隙检验。用内、外径千分尺分别测量气缸内孔和活塞外圆，然后将两个数据相减，得出活塞与气缸的配合间隙，并与技术标准所要求的间隙进行对照，不合格的则进行修复。以二冲程柴油机为例，二冲程柴油机活塞与气缸的配合间隙见表 3-3-4。

表 3-3-4 活塞与气缸配合间隙要求　　　　　　　　　　　　　　　mm

气缸直径	二冲程筒形活塞式柴油机活塞裙部		十字头式柴油机			
			顶部极限	裙部		
	配合间隙	极限		配合间隙	极限间隙	耐磨环处配合间隙
＞125~150	0.20~0.24	0.75				
＞150~175	0.24~0.28	0.90				
＞175~200	0.28~0.32	1.0				
＞200~225	0.32~0.36	1.1				
＞225~250	0.36~0.40	1.1				
＞250~275	0.40~0.44	1.2				
＞275~300	0.44~0.48	1.2				
＞300~325	0.48~0.52	1.3				
＞325~350	0.52~0.56	1.3				
＞350~375	0.56~0.62	1.4				
＞375~400	0.62~0.66	1.4				
＞400~425	0.66~0.70	1.5				
＞425~450	0.70~0.74	1.6	3.3~3.5	0.72~0.76	2.1	0.48~0.55
＞450~475	0.74~0.78	1.7	3.5~3.7	0.76~0.82	2.2	0.51~0.58

续表

气缸直径	二冲程筒形活塞式柴油机活塞裙部		十字头式柴油机			
			顶部极限	裙部		
	配合间隙	极限		配合间隙	极限间隙	耐磨环处配合间隙
>475~500	0.78~0.82	1.8	3.7~3.9	0.82~0.86	2.3	0.55~0.62
>500~525	0.82~0.86	1.9	3.9~4.1	0.86~0.91	2.4	0.59~0.66
>525~550			4.1~4.3	0.91~0.95	2.5	0.63~0.70
>550~575			4.3~4.5	0.95~1.00	2.6	0.67~0.74
>575~600			4.5~4.7	1.00~1.05	2.7	0.71~0.79
>600~625			4.7~4.9	1.05~1.10	2.8	0.76~0.84
>625~650			4.9~5.1	1.10~1.15	2.9	0.81~0.88
>650~675			5.1~5.3	1.15~1.20	3.0	0.86~0.92
>675~700			5.3~5.5	1.20~1.30	3.2	0.91~0.96
>700~750			5.5~5.7	1.30~1.45	3.4	0.95~1.02
>750~800			5.7~5.9	1.45~1.60	3.8	0.98~1.10

③活塞压缩环和刮油环的上下间隙及搭接间隙检验。用塞尺测量环与环槽的上下间隙，以及环安装在缸内的接口间隙，将所测得的间隙与技术标准进行对照，超过要求的则进行修整。须注意的是：安装活塞环时，接口应互相错开，以保证气密性。

④十字头轴承与十字头销的配合间隙检验。用塞尺或内、外径千分尺进行测量，得出配合间隙，并用塞尺检验两侧的间隙，将所得配合间隙与技术标准所要求的间隙进行对照，不合格的应予以调整。

⑤检验十字头轴承螺栓旋紧扭力矩，旋紧方法同前。

⑥连杆轴承与轴颈配合间隙的检验方法有以下几种：

a.用内、外径千分尺分别测量连杆轴承内孔和轴颈外圆直径，将测量所得数据相减，得出配合间隙。

b.将螺栓旋紧后，用塞尺测量间隙。

c.用千斤顶顶连杆，从百分表读出间隙数值。

无论采用哪一种方法，都应将所测得的间隙与技术标准相对照，合格通过，不合格进行返修，直至合格为止。

⑦对活塞杆金属填料函进行外观检验，应清洁、表面完好。

（4）气缸盖安装检验。气缸盖是柴油机最复杂部件之一，它与气缸体、活塞顶部空间组成燃烧室。气缸盖上面装有油头、进排气阀、启动阀和安全阀等部件，它要承受高温和高压，在制造、安装及检验时都有严格的要求。

1）检验前应具备的条件。

①具有验船部门的检验钢印和合格证书。

②必须经过强度试验。

2）检验内容和方法。

①检验气缸盖和气缸体连接平面，应清洁、无损伤。

②密封垫片应平整、无损坏。

③气缸盖螺栓检验。螺纹应完好，表面无损伤。螺栓旋紧检验的方法同前，其旋紧力应符合制造厂要求或图纸工艺规定。

（5）定时齿轮或链条安装检验。定时齿轮（或链条）安装特别要注意柴油机的定时位置应与制造厂的安装记号对准。

1）检验前应具备的条件。具有验船部门的检验钢印和合格证书。

2）检验内容和方法。

①按说明书要求，根据制造厂提供的样棒或标志核对和检验凸轮轴的定时位置，并接对凸轮轴。

②若采用链条传动，用上述方法核对和检验定时，并按说明书要求旋紧链条。

③用样棒或规定标志核对和检验气缸油注油器与启动空气分配器的定时。

（6）柴油主机安装完工检验。柴油主机组装结束后，须对组装质量进行最终检验，验船师和船东都参加这个项目的检验。

1）检验前应具备的条件。曲轴与轴系已进行初步对中。

2）检验内容和方法。

①垫片检验。

a. 柴油主机组装时用的是临时垫片，组装结束后要将临时垫片换成正式垫片，垫片检验就是验证换上去的正式垫片的质量是否符合要求。

b. 垫片与机座、垫片与基座的上下连接平面，在连接螺栓未旋紧的情况下，用 0.05 mm 塞尺进行检验，要求不应插入，但局部允许插入，深度不大于 10 mm；如换用 0.10 mm 塞尺检验，则不应插入。

c. 色油接触检验。在机座和基座上涂上一层薄薄的色油，然后将垫片轻轻地敲入和拉出，检验垫片上的色油接触情况，要求在每（25×25）mm^2 面积内不少于 2 个接触点，或接触面积不少于总面积的 70%，且分布均匀。

d. 塑料垫片浇注前，须对基座和机座的清洁度进行检验，应无油污、杂物，用白布揩拭，无明显的油污。浇注时应同时浇试样，待塑料垫片固化后，将试样送理化试验部门检验硬度，应不小于 HB 35。

e. 主机两侧和末端垫片检验。垫片斜度为 1∶100，用 0.05 mm 塞尺进行检验，局部允许插入，但深度不超过 10 mm。采用色油法接触检验时，要求在（25×25）mm^2 面积内不少于 2 个接触点。

②机座底脚螺栓安装检验。

a. 螺母和螺栓上的螺纹应清洁，且无损伤。安装前应在螺纹上涂一层二硫化钼（或按规定选用其他润滑防粘剂）。

b. 机座、基座安装螺母的平面处应无毛刺，平面光顺。

c. 旋紧扭矩检验。检查螺纹的伸出长度是否满足要求，保证螺母与平面接触良好，0.05 mm 塞尺插不进。

d. 对无侧向垫片的主机，应按中国船级社《钢质海船入级与建造规范》的要求配制紧配螺栓，其数量一般不少于总数的 15%，安装时应对其接触情况进行检验。

③主机找中检验。主机找中主要是使活塞在气缸内处于中间位置，运转时要求活塞中心线与气缸中心线重合或平行。在运转中，气缸与活塞所发生的故障，半数以上是由于主机的中心偏差超过标准要求所致的，为了减少和防止这类事故，对主机找中必须认真进行检验。

a. 低速柴油机。

ⓐ找中检验一般都在气缸所对应的曲柄销转到上止点前 30°和下止点后 30°时进行，因为此时连杆重量所产生的侧推力，使十字头滑块紧压在正车导板上，测量间隙较为方便。例如 MAN-B&W5L70MC/MCE 柴油机在上止点前 35°、下止点后 45°时进行测量。

ⓑ用长的塞尺测量活塞与气缸间隙，其最小间隙应不小于 0.10 mm。

ⓒ用 0.05 mm 塞尺检验十字头滑块与导板接触情况，一般不应插入，但局部允许插入，深度不超过 30 mm。用 0.1 mm 塞尺检验，则不得插入。

ⓓ用塞尺检验十字头滑块在导板侧面上、下的间隙，其上下间隙差值应不大于 0.10 mm。

ⓔ检验活塞中心线与导板侧面工作面的平行度，要求每米不大于 0.15 mm。

ⓕ用内径千分尺检验活塞中心线与导板工作面的平行度，要求每米不大于 0.10 mm。

ⓖ汇总并做好测量记录。

b. 筒形活塞柴油机。

ⓐ找中检验时活塞环暂时不设，连杆轴承与曲柄销间隙适当减少（0~0.05 mm）；

ⓑ将所要检验找中的活塞转到上止点和下止点 2 个位置进行测量；

ⓒ用长的塞尺测量活塞和气缸在上、下止点的间隙。活塞在气缸内的平行度，不得超过活塞每米长度偏差 0.15 mm 的要求；

ⓓ检验时应注意：插塞尺时用力不宜过大，以免将活塞挤向一边，使测出的结果不准确。

3）曲轴臂距差检验。详见曲轴安装检验的内容。

4）曲轴与轴系对中检验。详见柴油机曲轴输出端法兰与中间轴法兰对中内容。

（7）柴油主机整机安装检验。柴油主机整机安装是吊运能力不断提高而采取的新工艺。通常是将柴油机整机从制造厂运到船厂或将部件发运到船厂，组装成整机后再吊到船上进行安装。

柴油主机整机安装检验的方法基本上与上述的内容大致相同，以下准备工作略有差异：

1）机舱开口尺寸核算，舱口的长宽尺寸应比柴油机实际尺寸大 150 mm 以上；

2）吊运能力核算，选择合适的吊车，吊车性能包括吊重能力、吊高高度；

3）选择合适的起重索具，使吊运时钢丝绳受力均匀，吊装平稳；

4）选用的钢丝绳应有足够强度；

5）配备经验丰富的起重工进行吊运。

● 【任务考核表】

评价模块	评价内容	评价等级	综合评价
自我评价（20%）	通过本次任务学习，我学到的知识点和技能点有_____		
	不理解的有_____		
	我认为在以下方面还需要深化学习，并提升岗位能力：_____		
组内互评（30%）	按时上课，工装齐备，书、笔齐全		
	安全操作，责任心强，6S 管理规范		
	学习积极主动，合理使用教学资源，主动帮助他人		
	接受工作分配，有效沟通，高效完成工作任务		
教师评价（50%）	评语：		

04 项目4 柴油机电喷系统认知

【项目描述】

柴油机的燃油喷射系统是影响气缸内燃烧过程的关键因素，它对柴油机的动力性、经济性和排放性能都有重要的影响。要改善柴油机缸内燃烧情况，燃油喷射系统不仅要有理想的喷射速率特性，还要提高喷射压力。传统柴油机的机械式喷射系统由于结构的限制，不能同时满足这两个要求。目前应用广泛的是电控高压共轨系统，它是世界内燃机行业公认的20世纪三大突破之一，被称为第三代电控系统。

【知识梳理】

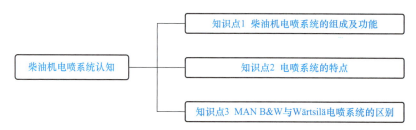

通过本项目的学习，应完成下列学习目标：

一、知识目标

1. 掌握柴油机电喷系统的基本构成；
2. 掌握电喷系统与传统机械式系统的区别；
3. 了解高压共轨技术的原理；
4. 了解RT-Flex和ME型电喷系统各控制单元的控制原理。

二、能力目标

1. 具有认知柴油机电喷系统结构的能力；
2. 具有分析电喷系统工作原理的能力；
3. 具有电喷系统简单操作的能力。

三、素质目标

1. 具有分析问题、解决问题的能力；
2. 具有沟通能力和团队协作精神；
3. 具有勇于创新、爱岗敬业的优秀品质；
4. 具有质量意识、安全意识和环境保护意识。

任务 4.1　柴油机电喷系统认知

● 【学习任务单】

学习领域	船舶柴油机装配与调试	参考学时
项目 4	柴油机电喷系统认知	4
任务 4.1	柴油机电喷系统认知	4
学习目标	1. 掌握柴油机电控系统的基本构成； 2. 掌握电控系统与传统机械式控制系统的区别； 3. 了解电控燃油喷射系统的工作原理； 4. 能够熟悉电控系统的常见操作。	

一、任务描述

为了满足柴油机不断强化及日益严格的排放法规与噪声法规的要求，目前正在大力发展各种高压、电控燃料喷射系统，如采用短管的单体泵系统、泵－喷嘴与 PT 系统、电控共轨系统等。其中电控共轨喷射系统则代表着柴油机燃油喷射系统未来的发展方向，这在国内外已成为共识。

二、任务实施

1. 在教师指导下，组建小组，每组 10 人，并确定组长；

2. 按任务工单进行任务分解和资料学习，做好任务分工并进行记录；

3. 了解二冲程柴油机电控系统的构成及原理，能够对柴油机的电控系统进行常规的控制操作；

4. 小组经过讨论确定任务结果，每小组由中心发言人进行成果展示，经过全体同学讨论，确定正确结果；

5. 检查总结。

三、相关资源

教材、教学课件、图片、柴油机说明书、网络与图书馆资源、二冲程柴油机实训仿真软件。

四、教学要求

1. 认真进行课前预习，充分利用教学资源；

2. 充分发挥团队合作精神，正确完成工作任务；

3. 团队之间相互学习，相互借鉴，提高学习效率。

● 【背景知识】

柴油机的电控燃油喷射（电喷）系统除了控制喷油量外，对喷油正时和喷油压力也有很高的要求。不同类型的柴油机，其电喷系统也存在差异。主要区别在于控制功能、传感器的数量和类型、执行元件的类型、ECU 控制软件、主要电控元件的结构原理和安装位置等。目前应用最广泛的是高压共轨系统，主要由高压油泵、共轨腔及高压油管、喷油器、电控单元、各类传感器和执行器 5 部分组成。共轨腔内是持续高压，可直接用于喷射，省去了喷油器内复杂的增压机构。高压油泵所需的驱动力矩比传统油泵小得多，通过高压油泵上的压力调节电磁阀，可以根据发动机的负荷状况、经济性以及排放性的要求对共轨腔内的油压进行灵活调节，优化了发动机的低速性能。喷油器上的电磁阀可以控制喷油定时、喷油量以及喷射速率，还可以灵活调节不同工况下预喷射和后喷射的喷射油量以及与主喷射的间隔等。

4.1.1 电喷系统的组成及功能

凸轮轴控制喷油的机械式柴油机和电控柴油机的结构分别如图 4-1-1 和图 4-1-2 所示。目前，船上所采用的比较典型的是 Wärtsilä 公司的 RT-flex 系统和 MAN B&W 公司的 ME 系统。柴油机电控系统的组成示意如图 4-1-3 所示。

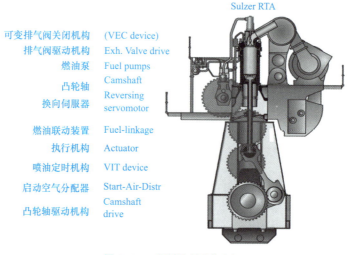

图 4-1-1　机械控制式柴油机

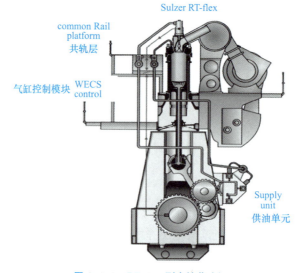

图 4-1-2　RT-flex 型电控柴油机

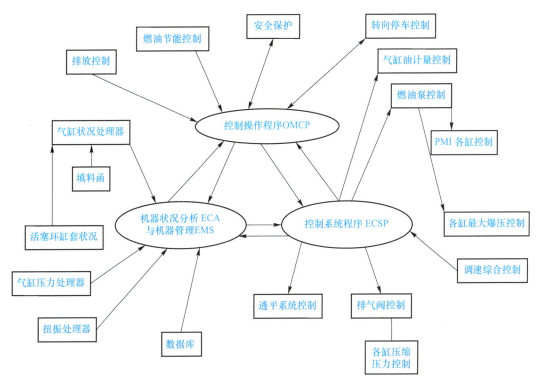

图 4-1-3　电控柴油机控制系统的组成示意图

1. 柴油机电喷系统主要内容

（1）运行模式的选择。根据船舶航行实际情况，由驾驶台或自身控制系统选择对应所需的运行模式。

1）低排放控制模式；

2）燃油经济性模式；

3）主机运行保护模式；

4）应急停/倒车的最优化等模式。

（2）主机控制系统。

1）气缸喷射油量的控制；

2）燃油泵的控制；

3）气缸的压力测量与分析；

4）最大功率的控制；

5）排气阀的控制；

6）压缩压力的控制；

7）增压系统的控制。

（3）主机工况监测、分析与管理。能自动采集主机的各种运行参数，并通过计算机控制，使主机始终运行在最佳状态。

1）活塞环或气缸套的工况监测；

2）气缸压力监测；

3）扭力和振动监测；

4）柴油机智能管理。

2．电控喷射型柴油机的主要功能

（1）检测柴油机各种运行状态信号，发送到计算机进行处理（按照最佳的工作模式使柴油机燃油效率达到最高的同时，排放最低），处理结果对柴油机的燃油喷射系统、电子调速系统、增压系统、排气阀系统等进行控制，这就要求检测信号的传感器反应快，可靠性高，计算机运行速度快，各系统的执行机构动作快、灵敏和可靠。

（2）对柴油机的管理维护、故障诊断等进行深层次管理，使柴油机在寿命期限内达到最大效率。

完成柴油机各工况监测，记录历史数据，对其进行分析，检测出磨损量，预测出检修、更换备件的时间表。同时，还能对备件进行管理，少件或缺件自动形成申购表。

通过检测回来的柴油机运行参数，对存在的故障能进行故障诊断，实现对柴油机全方位管理。

（3）由于检测参数多，执行机构也多，用单台计算机处理控制无法满足适时性。要采用分散式控制方案，就得用多台处理器。它们之间的联系是通过现场总线方式（CAN 总线）进行交换和传递相关信息的，每个气缸的控制处理单元（CCU）与主控制处理器（MCU）是通过网络总线来联系的。

图 4-1-4 所示为电控柴油机的控制系统结构示意。集控室可采用多台计算机与现场总线（双总线制互为备用），柴油机由两个主机控制单元（EU）控制，它们之间也互为备用。一个单元在运行工作，另一个处于热备用，通过集控室上的转换开关来切换，由集控室或驾驶台车钟发讯器下达车令，通过数据处理送到总线上，主机控制器（EU）接收到该车令后根据传感器（S）检测回来的柴油机现时状态信息进行处理，然后按处理结果形成指令，通过总线送到各缸的控制器（CU），对本缸的燃油喷射、排气阀、启动阀、特定气缸的气缸注油器等进行控制。

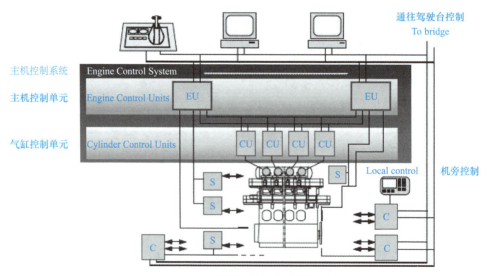

图 4-1-4　电控柴油机的控制系统结构示意

与传统的由凸轮轴控制喷油的机械式系统相比，电控系统取消了排气阀驱动装置、燃油泵、凸轮轴、伺服电动机、燃油连接、启动空气分配器、凸轮轴驱动等机构，采用了共轨装置、液压控制机构、容积喷射控制单元、燃油供给单元、液压伺服油泵。其中，共轨装置用来建立燃油压力；液压机构控制排气阀启闭操作；容积喷射控制单元控制燃油的流量和喷射时间；燃油供给单元取代原有的燃油泵来提供高压燃油；液压伺服油泵提供动力液压油。

电喷系统能够根据柴油机运行工况的不同，适时地控制喷油量与喷油定时，使其达到与工况相适应的最优数值，还能使喷油压力和喷油速率的控制成为可能，且系统的控制自由度及精度都得到大幅度提高，不仅提高了船舶主机的可靠性、经济性，还有效地降低了有害气体的排放。

4.1.2 电喷系统的特点

电控共轨喷射系统由高压油泵、油轨、高压油管、喷油器、电控单元、各种传感器和电磁阀等执行器组成，如图 4-1-5 所示。

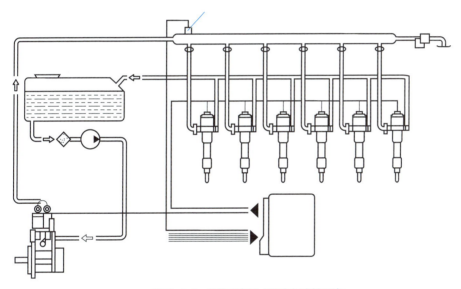

图 4-1-5 共轨式电控（燃油）喷射系统

输油泵提供低压燃油（从油柜中吸出），系统中的油压由高压柱塞泵产生，高压燃油送到高压油轨，共轨系统中的高压油泵与喷油器之间的燃油容积起到一个蓄压器的功能。在整个喷油过程中，油轨内的压力波动很小。系统内压力由油轨中的压力传感器调节，它把检测到的压力值传送给电控单元。高压油泵、油轨压力传感器和电控单元形成了一个油轨压力的闭环控制回路。控制单元将实测的油轨压力值与根据柴油机转速和喷油量决定的设置值相比较，并根据比较的结果调节高压泵的供油量，以使油轨内的压力得到控制。共轨式电控喷射系统的核心部件是电磁阀控制的喷油器，其喷油过程是通过电控单元激励电磁阀开始，使控制油压作用于喷油器针阀底部，打开喷油器启喷，喷油量由喷油器的开启持续时间（即电控单元输出脉冲宽度）、喷油器的流量特性及喷油压力决定。

图 4-1-6 所示为 Sulzer RT-flex 柴油机采用的共轨燃油喷射系统的简图。该柴油机省去了常规的凸轮轴、凸轮轴驱动机构、燃油泵、排气阀驱动泵和换向伺服泵，采用电子控

制的共轨式燃油喷射和排气阀驱动系统，克服了机械驱动的局限性，具有非常大的灵活性，可保证全工况下的低排放和低燃油消耗率，具有更低的稳定转速，减少了维修工作量和运行的成本，可适用不同品质的燃油。

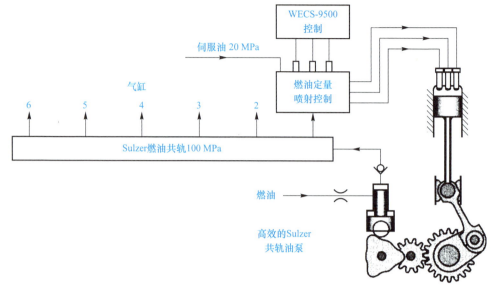

图 4-1-6　Sulzer RT-flex 柴油机共轨燃油喷射系统简图

该共轨式燃油喷射系统由曲轴带动的共轨式油泵先将燃油泵入一个燃油总管，压力可达 100 MPa 左右。另外还有一个轴带伺服油泵，产生 20 MPa 左右的伺服油压。每缸有 3 只常规的液压启阀式喷油器，共轨式燃油总管中 100 MPa 左右的恒压燃油，经容积式液压伺服机构进入 3 个喷油器中并喷入气缸。这个容积式液压伺服机构又由一个 WECS-9500 型电子控制系统进行控制，它可以独立地控制每个喷油器的供油始点、终点和供油量。因此，这种燃油喷射系统可以根据不同的工况、不同的燃油品质调整各个喷油器和各缸的燃油喷射量，达到全工况下的低油耗、低排放、低维修成本和高可靠性的特点。目前，这种柴油机已经在一些集装箱船、冷藏船和油船上装船使用。

电控喷射系统就是通过电子控制系统实现对燃油喷射始点、喷射压力、喷油持续时间的有效控制，以达到优化燃烧过程，降低燃油消耗率和降低柴油机排放，改善柴油机的启动、换向、加速和降低稳定转速等性能。它的核心系统是一个微处理器，柴油机的转速和转角作为输入信号，温度、压力及相关设定参数等作为附加输入信号；输出信号用以自动修正喷射正时，以实现在变工况、变使用条件下的最佳运转。

电控喷射系统的主要特点如下：

（1）优化燃烧过程。电控喷射系统在调节喷油正时的同时，也改变喷射压力，并使喷射压力在高负荷时比传统喷射系统显著降低，在低负荷时则显著升高。同时也可以改变燃油喷射规律，控制喷射过程不同阶段的喷油量，使燃油有效地雾化和燃烧，有相对理想的放热规律，使燃油消耗率降低。

（2）适用多种燃油。采用电控喷射后，通过控制装置输出一个简单信号，可根据燃油的品质给出相对理想的喷油始点和喷射压力特性，使它们燃烧时都有较好的放热规律，以利于降低油耗和减轻磨损。

（3）适应不同环境温度。用电控喷射系统控制喷射始点，可通过提高最高爆发压力来修正环境温度的不利影响，使船舶柴油机适应不同环境温度的能力明显提高。

（4）转速微调化。控制装置把电子信号直接传输到电液驱动喷油器中，使转速调节迅速而准确。电控喷射可以使柴油机的最低稳定转速降至标定转速的 1/6 左右，相应的最低运转转速随之降低，改善了船舶的操纵性能。

（5）操纵灵敏化。该装置可以控制气缸启动阀和喷油器的动作，启动、停车、正车、倒车等均由操纵机构的位置来确定，可取消传统的机械式启动和换向机构。用操纵杆将设定转速和转向输入柴油机，各种动作指令脉冲一旦触发，实际的运转程序便可自动进行。

4.1.3　MAN B&W 与 Wärtsilä 电喷系统的区别

世界各大船舶柴油机公司都在进行电子控制共轨系统柴油机的研究，在大缸径低速二冲程柴油机的研制方面，MAN B&W 和 Wärtsilä 两家大公司已经相继推出了配有电子控制的共轨柴油机，而且都已装船营运。它们发展的主要目标都是通过采用电子控制设备取代凸轮轴的功能来控制燃油正时，也就是发展无凸轮轴柴油机。尽管 MAN B&W 公司研制的柴油机与 RT-flex 型电控柴油机在主要发展目标上一致。然而，两者也有显著的区别，尤其是在燃油喷射系统上。

（1）油轨方面。Sulzer RT-flex 机型的公共油轨有两个：一个是 20 MPa 的滑油，它的作用是作为驱动排气阀、气缸启动阀和喷射控制装置的伺服油；二是 100 MPa 的重油，它作为柴油机的燃料油，在油轨中等待喷射。而 MAN B&W ME 机型的公共油轨仅有一个 20 MPa 的滑油，它作为动力油使用。油轨压力上的差别很大程度取决于油轨的密封技术，因此对油轨的管理就要区别对待。

（2）原始动力方面。Slzer RT-flex 机型采用曲轴带动的复合凸轮来带动柱塞式油泵保持油轨中 100 MPa 的燃油油压，同样由曲轴通过传动齿轮带动的一个油泵来保持伺服滑油 20 MPa 的油压；ME 机型用的是轴带轴向液压泵给油轨输入滑油（柴油机启动之前采用的是电动泵滑油），之后高压滑油再给共轨系统提供动力。

（3）高压油泵方面。Sulzer RT-flex 机型的高压油泵是柱塞式增压泵，与原来相比，变化不大；而 ME 机型采用液压驱动式高压油泵。前者是凸轮的传动使燃油泵柱塞上下运动，后者是用高压滑油作为高压燃油的驱动动力。

（4）喷油控制方面。RT-flex 机型在控制喷油时，由控制系统发出信号给电磁阀，电磁阀的动作使伺服油的油路变化，从而改变燃油的油路，完成喷射过程；ME 机型在控制喷油时，同样是控制系统发出信号给电磁阀，电磁阀改变伺服油后，再由伺服油驱动油泵使燃油增压，完成喷射过程。前者控制的是伺服油，后者控制的是动力油。

（5）燃油的来源方面。RT-flex 机型燃油来自 100 MPa 的油轨中，ME 机型的燃油是给油泵供给的压力大约为 1 MPa 的燃油。

（6）构造方面。由于上述两种机型的共轨系统在驱动动力和布局上有较多差异，也就决定了 MAN B&W 和 Wärtsilä 这两大船用柴油机厂家的最新机型在结构和共轨系统的传动机械上有所不同。

【拓展知识】

1. 电控主机的发展历程

1991 年，启动智能主机项目；

1993 年，MAN B&W 公司研制出试验机，在试验室中运转；

1998 年，首台智能型柴油机安装在挪威的 Bow Cecil 轮上；

2000 年 11 月，使用智能系统船舶主机进行试航，并通过了 DNV 等船级社认可；

2002 年年初，MAN B&W 公司正式推出了电子控制的 ME 系列柴油机。

瑞士 Wärtsilä 公司在 1998 年首先推出了共轨式全电子控制的智能型柴油机 Sulzer RT-flex（电控等压喷射）燃油喷射系统，该系统实现了无凸轮轴柴油机的燃油喷射、排气阀启闭、启动空气和缸套润滑的全电子控制，堪称柴油机的第三次革命。

2. 高压共轨技术

Wärtsilä 公司首先提出高压共轨技术，高压共轨技术是指各缸的燃油压力均相同，各缸的液压伺服油压力也相同。高压共轨控制式电控喷射系统不再采用传统的柱塞泵式脉动供油机构，系统内具有公共控制油道（共轨管），高压油泵只是向公共油道供油以保持所需的共轨压力，通过连续调节共轨压力来控制喷射压力，采用压力时间式燃油计量原理，用电磁阀控制喷射过程。

Wärtsilä RT-flex 机型取消了凸轮轴装置对其喷油和排气控制，取而代之的是专门为 Sulzer 共轨技术的二冲程柴油机设计的 WECS（Wärtsilä engine control system）9500 控制系统。

WECS 系统功能：控制主机燃油喷射、排气阀开闭及启动等，并用来控制燃油共轨和伺服油共轨的压力。

（1）气缸控制单元（CCU）。根据 WECS9500 发送的燃油喷射控制指令和本缸的活塞位置等来控制燃油喷射量、喷射时间、喷射方式（一次性喷射、脉冲性喷射）以及喷射油头的个数。

（2）智能调速器。根据现时主机的给定转速与实际转速的偏差大小，综合现时的排烟温度、增压器的压力、含氧量等来决定燃油量，使其充分燃烧，达到经济性要求。

燃油燃烧还与输入新鲜空气量、喷射开启时间、喷射时间持续长短、燃油喷射的压力有关，而且在不同的柴油机转速下，这些参数也是不相等的。

（3）排气阀的控制。由 WECS 9500 控制系统发出指令给各缸控制单元（CCU），CCU 根据指令给本缸的排气控制电磁阀通电，控制高压伺服油，驱动排气阀使之排气。

（4）柴油机的启动。由 WECS 9500 控制系统根据曲柄角度传感器送来的曲柄的位置信号来判别各缸的活塞位置，从而发出哪个气缸应打开启动阀进气的指令，进行启动（启动阀采用电动控制电磁阀）。

3. Wärtsilä 公司的 RT-flex 系统

（1）WECS 9500 控制系统。Wärtsilä 公司的 RT-flex 型电控柴油机控制系统的核心单元是 WECS 9500。

1）主要组成部件。

①主控制器（COM-EU）接收外界的信号。主控制器接收主机遥控系统、调速器、安

保系统、人机界面、控制油系统、燃油系统、液压伺服系统等信号,然后进行程序处理,把处理的结果送到各气缸控制器(CCU)。

②气缸控制器(CCU)控制燃油系统的执行器、液压伺服系统的执行器等进行相应调节,使柴油机完成相应功能,达到最佳运行状态。

2)WECS 9500控制系统比传统柴油机,有了以下改善:

①取代了传统柴油机上凸轮轴相关的机械零部件的功能,能实现对燃油喷射、排气阀动作、柴油机的启动、换向、停车和气缸润滑等功能的全电子化灵活控制。

②通过对相关参数的设定和修改,可调节主机的运行状态和性能参数,实现柴油机的最佳性能。

③对主机的运行情况进行实时监测,并与船上的其他控制系统、报警系统连接,将主机的运行情况直接传送到各系统,各系可直接采用该信号进行综合处理。

主要作用:对共轨的燃油压力、伺服油压力进行控制以及主机、气缸相关的功能管理。其中包括对主机的状态检测、参数的调整、控制气缸的喷油时间、喷油量、排气时间,使主机处于最佳工作状态。另外,还负责对外界系统的通信。

3)WECS 9500控制系统各功能单元的作用。

①公共电子控制单元(COM-EU)。

a.两个主控制模块(MCM),它们互为备用,一个模块工作时,另一个模块处于热备用状态。

b.外部选择开关发信号给选择模块(ASM),ASM模块根据选择开关的信号确定哪个模块处于工作,哪个处于热备用。

c.MCM的主要作用是控制共轨中的油压、主启动阀以及与其他系统通信,并对主机内部信号进行检测和传输。

②气缸电子控制单元(CYL-EU)。

a.每个气缸都装配一个电子控制单元,它安装在共轨平台的下部。

b.它对气缸的启动空气阀的启/闭进行控制,对燃油喷射、排气阀的启/闭在时间和数量上进行控制。

③曲柄轴角度传感器(Crank Angle Sensor)。

a.准确测量曲柄轴的位置,并将该信号送到电子控制单元。

b.推算出气缸的活塞位置,便于对气缸的喷油和排气的时间进行控制。

④各缸执行器的传感器。用于检测各电磁阀、液压伺服油缸的工作状态。

⑤WECS的辅助控制单元(WECS assistant)。

a.安装在集控室,由一台计算机和一台MAPEX-CR的控制装置组成。

b.作用。

ⓐ显示主机的状态及报警信息,例如每个气缸的燃油、废气、延时时间,每个气缸活塞速度等状态信息显示,以及各传感器测量值、参数设定值和动态曲线显示。若各运行参数越限,则报警显示。

ⓑ对主机的一些参数进行设定。

一组为操作人员,无须密码进入设定,例如,最大油耗限制、磨合模式、修改VIT、FQS等的参数,它可改变喷油的起始角度、排气阀的关闭角度等;另一组为专家,需密码进入，只有柴油机厂家服务人员或经过厂家授权的人员才能改定，例如发火顺序等关键参数。

除此之外，还有一些附加功能，如：一些特殊的参数检测、数据分析、管理维修、备件管理等，其中包括气缸磨损检测、活塞运行可靠性检测、燃烧可靠检测、扭矩振动/轴向振动检测、备件和维修等，用户可根据自己的要求来选择全部或部分功能。

4）WECS 9500 控制系统的通信功能。

①与主机遥控系统的通信。所有主机的运行命令，如正车、换向、倒车等，依据操作人员所操车钟要求形成指令送给 WECS 9500 公共模块（COM-EU），同时，主控模块上的主机负荷和检测到的排气压力、排烟温度等信号也会传送给主机遥控系统。

②与船舶报警系统的通信。WECS 9500 控制系统检测到主机故障信号时，会发给船舶报警系统进行报警、打印、记录或发出减速、停车信号给安保系统。WECS 9500 报警信号可分为次要报警信号和重要报警信号，如封缸报警信号为重要报警信号。

③与转速控制器的通信。

a. 主机调速器是独立的一部分。

b. WECS 9500 控制系统接到主机调速器的一个燃油指令信号，主控模块（COM-EU）将这个信号分配到各气缸的控制模块（CEU），这就是柴油机此时的燃油给定值。

c. 如果调速器发生故障，仍可手动调节燃油命令信号，此时，主机处于备用模式运行，在该模式下，对于可变螺距的主机而言，为了防止主机超速，应把螺旋桨设为定螺距运行。

④与选择器 ASM 的通信。与识别器进行信号交换，确定哪一个主控模块处于运行状态，哪一个处于热备用状态。

⑤与安全保护系统的通信。

a. WECS 9500 控制系统进行液压系统的泄漏监测、各传感器工作状态监测、曲柄轴角度传感器监控，把这些监控到的信号都发到安全保护系统。

b. 泄漏监测在整个液压系统的外皮包装中安装多个检测开关，当系统中某个部位或子系统发生不正常的泄漏，就能检测出来。

c. 传感器的工作状态监测可以判断传感器送出的信号是否越过上、下限值，若超出测量范围，说明传感器工作不正常，此信号不可信，同时也显示一个测量误差信号。

d. 曲柄轴角度是极其重要的参数，对其监控采用冗余设计，把两个曲柄轴角度编码器安装在自由端，通过联轴器由曲轴驱动。这两个曲柄轴角度编码器提供绝对转角信号，两个信号都传送到各气缸控制单元（CEU），对这两个曲柄轴角度编码器的信号进行比较，出现偏差超限，说明编码器不正常或故障。若不出现偏差超限，再与飞轮端的转速传感器读数进行比较，必要时还需通过 WECS 辅助控制器进行补偿和校正。

（2）WECS 9500 系统中的公共电子单元（COM-EU）。

1）一个模式识别模块是由集控室中的选择器来选中某一个主控板为运行板，另一个为备用板。

2）运行主控板与驾驶台或集控室的外界系统通信，根据各传感器采集回来的主机现时运行状态信息和外界指令要求，形成命令，传输给每个缸的气缸控制器，进行相应地控制操作。

3）识别模块发出指令给燃油泵执行驱动器，使燃油泵工作；识别模块也发出指令使控制油泵工作。选中的主控板根据车钟指令也直接对启动空气阀进行控制。

（3）气缸控制单元（CYL-EU）。

1）气缸控制单元由气缸的控制中心模块（CCM）和阀件控制信号放大驱动模块（VDM）组成。

2）气缸控制模块 CCM 从 CAN 总线上与主控制模块 MCM 进行通信，从冗余设计的曲柄轴角度编码器获取曲柄轴的位置，推算出气缸活塞的位置，对气缸运行状态进行控制，同时也采集燃油喷射信号、排气阀的位置信号以及3个喷射阀状态的适时信号，然后通过设定的程序进行计算处理，对各燃油喷射阀、废气排放阀、启动进气阀和液压伺服油泵的执行器进行控制。

（4）电控型柴油机燃油系统的控制。由于电控型柴油机燃油是采用共轨系统，所以，就有共轨燃油压力控制和各缸喷射油量的控制。Sulzer RT-flex 电控型柴油机的燃油共轴压力控制原理如下：

1）主控模块 MCM 从气缸控制模块 CCM 接收柴油机转速信号和现时共轨上的压力信号，然后通过内部运算处理输出控制燃油泵执行机构的驱动器信号，并对其控制，使得燃油泵输出的燃油压力达到现时柴油机的转速所要求的压力。

2）当共轨上的燃油压力高时，通过燃油压力控制释放阀，使其保持稳压。

3）当安保系统检测到危及主机的故障信号时就发出关闭燃油信号，使燃油速闭阀动作，把燃油排放掉。

4）共轨燃油压力也受主轴承滑油压力控制的燃油压力控制阀控制，起到保护柴油机的目的。

5）燃油增压泵是由曲柄轴通过传动机构来驱动的，如果其中一个燃油泵驱动器发生故障，它会通过弹簧而正常连接在适当位置或移动到最高位置，变成定量泵，其余没有发生故障的燃油泵仍保持变量泵而受控。

Sulzer RT-flex 电控型柴油机的燃油喷射量控制原理如下：

1）在非喷射燃油时间段内，气缸控制模块 CCM 不发出喷射燃油信号，3个电磁阀无电，控制伺服油不能进入喷射控制阀的信号端，喷射控制阀下位通，共轨管路中压力为 1 000 bar（1 bar=0.1 MPa）的燃油通过3个喷射控制阀下位，进入燃油喷射量油缸，控制好量油缸中活塞位置，就测量好该气缸燃油喷射量的大小。

2）燃油喷射量是主控模块 MCM 通过比较速度控制器中的喷射油量和燃油指令信号的要求推算出的。

3）CCM 根据曲柄轴编码器送来的曲柄角度信号和 VIT，就可计算出喷射初始角，到达喷射初始角时刻 CCM 给 VDM 发喷油指令，使共轨电磁阀通电（这3个电磁阀是否同时通电，取决于当时柴油机的负荷和转速，如：低速、低负荷时，只需一个电磁阀工作，即一个油嘴工作），这时相应的液压伺服控制油出现在喷射控制阀的信号端，使其上位通，这时共轴管路的燃油被堵塞，量油缸中压力为 1 000 bar 的燃油再通过活塞驱动，形成更高压，通过喷油嘴喷入气缸进行雾化燃烧。

4）由于各阀件启/闭是需要时间的，为了准确定时喷油，需要计算出延时时间，通常把触发信号发出时刻到有效喷射的时刻之间差值称为喷射动作滞后时间。根据之前循环的喷射动作滞后时间可计算出下一个喷射循环。

5）喷射系统还可以采集三个喷射阀的开启时间来监测每次的循环，以保证不混乱。如果油量传感器损坏，控制系统将取代主控制器 MCM 的燃油指令信号，进行定量喷射。

（5）液压伺服油压力控制。Sulzer RT-flex 电控型柴油机液压控制油压力控制原理如下：

1）主控制模块 MCM 采集控制油轨的伺服油的压力信号，与给定值 200 bar 比较，若出现偏差，通过 CAN 总线使各气缸控制模块 CCM 去控制伺服泵输出量，从而控制伺服油轨的压力。

2）每个气缸控制器 CCM 都输出一个指令信号给伺服泵内部的压力控制器，通常该控制信号是一个脉宽调制信号（1～2.5 A，AC），其频率为 60～100 Hz。

3）伺服和控制油都是把润滑油再经过一次过滤后的滑油。

伺服控制油共轨管路系统装了一个安全阀，还安装两个压力传感器，把共轨伺服控制油压力信号送到主控模块 MCM。控制油系统除了安装安全阀外，还装了一个稳压阀，保持控制油压力不变。

（6）排气阀的控制。Sulzer RT-flex 电控型柴油机的排气阀控制原理如下：

1）气缸控制模块 CCM 根据曲柄轴角度编码器的信号和 VED（排气阀开启），发出开启排气阀的信号，该信号使排气轨道电磁阀动作，上位通，伺服油进入排气控制阀的信号端，使上位通，这时伺服油进入执行油缸，活塞移动，把压力为 4 bar 的液压油增压推入排气阀的上油室，阀芯下移进行排气。

2）排气阀移动的位置由两个冗余设计位置传感器进行监测，反馈给气缸控制模块 CCM，监视排气阀是否开启。若一个位置传感器损坏，另一个传感器可继续使用，这时会给出报警信号。若两个位置传感器都损坏，CCM 内部的固定动作程序仍然保持有效，排气阀仍能工作。

3）从 CCM 发出排气指令到排气阀打开，也有延时，称其为排气动作滞后时间。计算开启动作滞后时间以阀的 0～15% 的行程为终止，计算关闭动作滞后时间以阀的 15%～100% 的阀行程为终止。每个动作滞后时间都可通过之前的动作滞后时间来调校下一个循环的动作滞后时间，这样，就可准确定时对排气阀打开（VEO）和关闭（VEC）控制。

（7）柴油机的转速控制。Sulzer RT-flex 电控型柴油机的转速控制是由一个独立于 WECS 9500 控制系统的转速控制器来完成的。

1）转速控制器接收到车钟的转速命令之后，与现时采集回来的主机转速进行比较，得到一个偏差值，转速控制器根据偏差值的大小、现时主机负荷状态等综合计算出需要提供多少燃油的命令给 WESC 9500 的主控模块 MCM。

2）主控模块通过 CAN 总线将数据传给每个气缸控制模块 CCM，气缸控制模块再输出信号给燃油喷射量油缸的控制器，该控制器就可控制燃油喷射量油缸内的油量，然后等待喷油初始角到来，CCM 就发出喷油操作。

3）喷油量大小的信号反馈给燃油喷射量油缸的控制器，再到主控模块 MCM，进行燃油量闭环控制，同时，也反馈给主机转速控制器，便于进行下一步的转速控制。

4．ME 系列电控型柴油机控制系统

MAN B&W 公司的 ME 系列电控型柴油机采用共轨技术，燃油共轨管路的压力为低压（7~8 bar），伺服油的压力为 200 bar，都属于低压力系统，能有效防止漏油。在机械结构上与 Wärtsilä 公司共轨柴油机有所不同，燃油需要各缸进行二次增压来达到喷射压力要求。

1）燃油泵使燃油增压到 7~8 bar，送到各个气缸的二次增压器进行喷射前的再增压，使压力达到喷射压力。

2）液压伺服油是由主滑油泵送来的滑油通过二次过滤（6 μm），再通过曲柄轴驱动的增压泵或电动驱动增压泵，增压到 200 bar 送到阀箱。

3）伺服油分别进入各缸排气阀的液压缸单元进行排气操作和进入各缸燃油增压的液压缸单元进行增压喷油操作。

ME 系列柴油机也有燃油喷射、排气阀、启停和换向等控制。

1）输入通道：它有开关量信号、模拟量信号（电压信号 ±10 V，电流信号 4～20 mA）、脉冲信号（曲柄轴角度编码脉冲信号）等输入。

2）输出通道：有控制各个电磁阀的开关量信号，也有继电接触器控制信号，模拟量电压（±10 V）、电流（4～20 mA）信号等控制相关执行器。

3）通信通道：与其他计算机进行串行通信，与上、下位机进行网络通信，为人机界面专用通道。

（1）ME 系列柴油机的电控系统。

主控板也是采用冗余结构。在集控室有两个并联冗余的主机信息控制单元 A 与 B 和两个并联冗余的控制面板（实现人机信息交换）。这两个主机信息控制单元也与驾驶台上的操作显示面板进行信息交换，在机舱里有两个主机控制单元 A 和 B，与冗余设计的双总线相连接，它与集控室中的主机信息控制单元（EICU）、执行器控制单元（ACU1、2、3）以及各气缸的控制器（CCU）进行信息交换（通信）。

1）主机信息控制单元（EICU）。在集控室的操作台中，上面有两个操作界面（MOP），其中一个为运行状态，另一个为热备用状态，一旦运行中操作界面发生故障，它能自动切换到另一台备用机上。它接收驾驶台上操作信息和集控室操作界面上信息，同时，它还与外部系统进行通信。它与上位机的主机功率管理系统、手动操作系统、主机遥控系统、报警系统、安保系统进行信息交换，其功能和作用与 WECS 9500 控制系统相似，这里不再赘述。

2）主机控制单元（ECU）。主机控制单元为 ME 系列柴油机智能控制器的核心，它管理着 3 个辅助控制单元和各缸控制单元（CCU），并对其进行监控，同时，接收现场传感器送来的信号和机旁操作板的操作指令，对 ACU、CCU 下达指令，实现主机换向、启动、喷油、排气、停车等一系列操作，使主机各运行状态达到最佳，为了安全可靠，它可直接控制备用泵的启、停运行。

ME 系列柴油机智能控制系统中有一气缸自动润滑器（AL），它也是由 CCU 控制的，也是一个启、闭阀，它的通断馈给率是由喷射的频率来控制的，即燃油喷射频率高，说明主机转速高，气缸的润滑注油也要频繁，以保持气缸活塞良好润滑。

3）辅助控制单元（ACU）。辅助控制单元（ACU）的作用是对燃油泵、润滑泵和辅助鼓风机进行启、停控制，使其共轨管路中保持所要求的压力。它有自动控制模式和手动控制模式两种。

自动控制模式的各台辅助鼓风机是根据设定好的"启动顺序",按扫气压力的大小进行启、停控制的。

当扫气压力小于等于 0.4 bar 时,就按"启动顺序"启动辅助鼓风机。

当扫气箱中压力达到 0.7 bar 时,就依次停止这些鼓风机,其停止是按扫气压力逐一停止的。

大于等于 0.7 bar 时,先延时停一台鼓风机。

扫气压力小于 0.7 bar,大于 0.4 bar,就不再停第二台,若停了一台鼓风机,扫气压力还是大于 0.7 bar 时就停止第二台,以此类推,启动正好相反。

以 0.4 bar 为启动值,当主机停车时,辅助鼓风机将继续运行 15 min 后才停机,在手动操作模式下,由操作人员控制。

4)气缸控制单元(CCU)。每个气缸都有一个独立的气缸控制单元(CCU)。

①接收曲柄轴自由端安装的曲柄轴角度编码器的脉冲信号,由此计算出本气缸活塞位置和工作进程状态。

②接收主机转速传感器信息,计算出活塞的运行速度信号。

③采集燃油增压活塞和废气排气阀的位置信号。

④根据 ECU 发来的指令进行综合处理,控制主机各缸的启动、停车、喷油、排气等操作。

⑤与 RT-flex 机型有所区别:

a. 它的燃油喷射采用模拟量控制,燃油喷射采用比例阀。

b. 排气阀控制是采用开关量控制的,采用开关量的开启／关闭来控制排气阀。

c. 两者不会混乱,因为燃油喷射时间段与排气阀开启时间段是不会重合在一起的,所以,它采用了一个三位三通液压伺服阀来控制。

燃油喷射和排气阀液压操作原理如下:

①进行燃油喷射时,电磁阀左边有信号,左位通,高压动力油进入左边的燃油增压器活塞的下位,高速推动增压缸活塞,使燃油缸内的燃油升压,从喷油嘴向气缸内喷油。

燃油量的多少是由 CCU 控制 FIVA 的比例阀来控制的,它靠控制燃油进油阀的开度来实现。

Suler RT-flex 机型的燃油量是以量油缸的活塞位置来度量的。

②当排气操作时,CCU 就使得电磁阀右端有信号,右位通,高压动力就进入排气阀执行器的液压油缸的活塞的下端,高速推动液压油使排气阀执行器的油缸活塞向上运动,形成高压动力油去操作排气阀,使其打开排出废气。

当排气结束时,处于既不喷油,又不排气操作状态,控制阀两端都没有信号,阀处于中位,两个增压器的活塞下端高压油回流到回油柜。

(2)柴油机转速控制。驾驶台或集控室的车钟发出主机转速指令,通过转速协调器进行调制,按照主机的运行参数和本身特性参数对车钟的转速指令进行调制。如稳速过程、停车减速过程、最小转速、最大转速、定速航行过程、紧急停车指令、故障减速、功率与转矩最佳配合、启动时的等速速率加率、负荷程序、临界转速回避、转速微调等,这时车令的发送是不一样的,按照对应的设定程序发送车令,然后,这个车令与主机实际转速信号进行比较,得到偏差值,送到转速调节器(Governor)进行比例积分微分调节或智能控制算法进行计算处理,所得的信号经过主机性能指标的限制器进行相应限制,使其不超过限制值,把现结果输出作为当时燃油量的给定值,若超过限制值,只能以限制值输出作为当时燃油量的给定值指令,送到气缸控制单元(CCU),由它控制 FIVA 的比例阀,实现燃油量控制,使主机转速跟随车令的要求。

ME 系列机型的调速控制器功能被集成在主机控制单元(ECU)中,图 4-1-7 所示是主机控制单元(ECU)实现调速器(Governor)功能的操作界面。

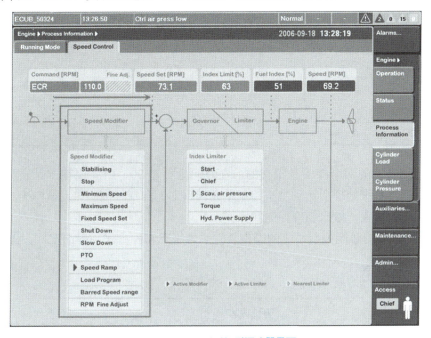

图 4-1-7　ME 系列机型调速器界面

(3)曲柄轴角度编码器。ME 系列机型转速传感器采用磁脉冲式输出转速传感器,它的曲柄轴角度编码器与通常编码器有所不同,图 4-1-8 所示为该机型曲柄轴编码器原理。

它有 8 个磁感应探头,分成 A 与 B 两组。

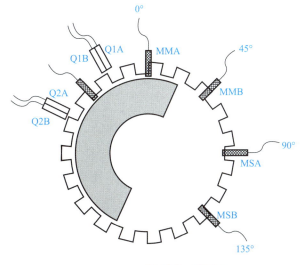

图 4-1-8　曲柄轴编码器原理

A组中两个用于检测转速和方向，另两个用于标记位检测，一个放在0°位，另一个放在90°位上。

B组用两个探头检测转速和方向，其他两个为标记位，但与A组的标记位相差45°，一个放在45°位上，另一个放在135°位上，这样，曲轴自由端驱动一个磁性半圆环转动，在标记位上的探头就会有输出电动势变化，若输出高电平为"1"，低电平为"0"，则可做出曲柄轴位置角度与4个探头的输出的电平高低的变化表，见表4-1-1。

表 4-1-1　4个标记位探头输出电平高低与角度的关系表

位置	0°~44°	45°~89°	90°~134°	135°~179°	180°~224°	225°~269°	270°~314°	315°~359°
MMA	1	1	1	1	0	0	0	0
MMB	0	1	1	1	1	0	0	0
MSA	0	0	1	1	1	1	0	0
MSB	0	0	0	1	1	1	1	0

用于检测转速的两个探头是正交的，在时间上相差90°（1/4周期）。这两组信号通过转速角度测量系统处理后送到主机控制单元（ECU）和气缸控制单元（CCU），从而推算出气缸活塞的位置，做出相应控制和操作。

ME系列机型的智能控制系统的操作软件采用组态软件方式，界面友好，操作方便。

● 【任务考核表】

评价模块	评价内容	评价等级	综合评价
自我评价（20%）	通过本次任务学习，我学到的知识点和技能点有_____ 不理解的有_____ 我认为在以下方面还需要深化学习，并提升岗位能力：_____		
组内互评（30%）	按时上课，工装齐备，书、笔齐全		
	安全操作，责任心强，6S管理规范		
	学习积极主动，合理使用教学资源，主动帮助他人		
	接受工作分配，有效沟通，高效完成工作任务		
教师评价（50%）	评语：		

05 项目5 柴油机性能试验

【项目描述】

船舶柴油机作为船上最重要的动力设备，其运转情况直接关系到整个动力装置的正常运行及船舶的航行安全。当柴油机装配完毕后，应进行相关项目及参数的检查与调整，保证柴油机有最高的技术经济指标。柴油机的性能是指动力性和经济性，主要由柴油机的各项运行指标和性能参数来评估。在柴油机的日常使用及运行管理中，为确保柴油机正常工作，必须实时掌握各项性能参数，而这些数据大多通过试验获得，柴油机出厂前要进行台架试验，出厂后还要进行系泊试验和航行试验。

【知识梳理】

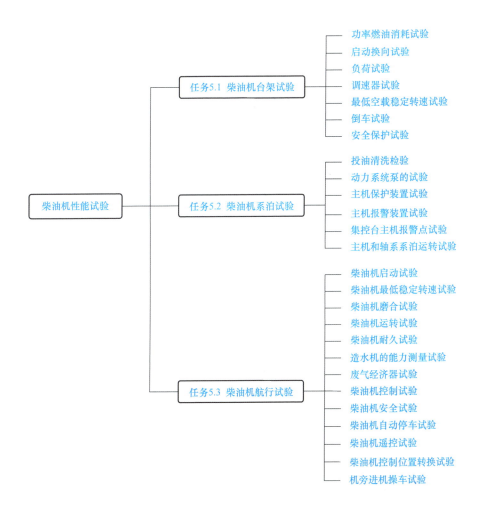

通过本项目的学习，应完成下列学习目标：

一、知识目标

1. 掌握台架试验内容及流程；
2. 掌握系泊试验内容及流程；
3. 掌握航行试验内容及流程；
4. 了解重要设备的调试方法。

二、能力目标

1. 能够准确记录台架试验数据；
2. 能够准确记录系泊试验数据；
3. 能够准确记录航行试验数据；
4. 能够熟练操作试验中用到的工量具。

三、素质目标

1. 具有分析问题、解决问题的能力；
2. 具有沟通能力和团队协作精神；
3. 具有勇于创新、爱岗敬业的优秀品质；
4. 具有质量意识、安全意识和环境保护意识。

任务 5.1 柴油机台架试验

【学习任务单】

学习领域	船舶柴油机装配与调试	参考学时
项目 5	柴油机性能试验	12
任务 5.1	柴油机台架试验	4
学习目标	1. 掌握台架试验要求； 2. 了解台架试验时的注意事项； 3. 掌握台架试验程序； 4. 能够正确填写柴油机台架试验数据记录表。	

续表

一、任务描述

台架试验是指产品出厂前，要进行某些模拟试运行试验，通过之后方能投入使用。柴油机台架试验的目的是检验各项性能指标，它是保证质量、提供合格产品的最后重要阶段。台架试验须根据国家及行业有关标准规定的项目和内容进行，试验结果要符合国家及行业有关标准的要求，并出具试验报告。

二、任务实施

1. 在教师指导下，组建小组，每组 10 人，并确定组长；
2. 按任务工单进行任务分解和资料学习，做好任务分工并进行记录；
3. 掌握台架试验要求、程序、注意事项、试验记录；
4. 根据要求填写试验计划；
5. 小组经过讨论确定任务结果，每小组由中心发言人进行成果展示，经过全体同学讨论，确定正确结果；
6. 检查总结。

三、相关资源

教材、教学课件、图片、柴油机台架试验说明书、网络与图书馆资源。

四、教学要求

1. 认真进行课前预习，充分利用教学资源；
2. 充分发挥团队合作精神，正确完成工作任务；
3. 团队之间相互学习，相互借鉴，提高学习效率

● 【背景知识】

柴油机提交使用的性能要求必须通过台架试验进行验证和调整，根据国家船检局《钢质海船入级与建造规范》有关柴油机规范的要求，台架试验主要包括以下内容：

（1）功率燃油消耗试验；

（2）启动换向试验；

（3）负荷试验；

（4）调速器试验；

（5）最低空载稳定转速试验；

（6）倒车试验；

（7）安全保护试验。

● 【任务实施】

以某厂柴油机为例，介绍台架试验流程，柴油机台架试验简图如图 5-1-1 所示。

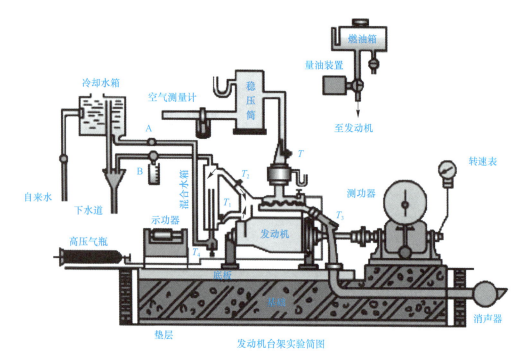

图 5-1-1 台架试验简图

5.1.1 功率燃油消耗试验

燃油消耗量的测量应与功率的测量同时进行。

（1）启动柴油机步骤如下：

1）启动空压机，将启动空气瓶内的压力提高至规定压力，打开空气瓶出口阀，在机旁面板上可看到启动空气压力数值。

2）将主机操作手柄放置在停车位。

3）确认膨胀水箱水位正常，否则补充。启动冷却水泵，观察冷却水压力。

4）确认日用燃油箱油位正常，否则补充。若阀位正确，启动燃油泵，观察燃油压力。

5）检查曲轴箱油位是否正常，否则补充。若阀位正确，启动滑油泵，观察滑油压力。

6）打开示功阀，盘车检查发动机各部件与系统是否转动正常，有无异常响声。

7）利用气缸注油器注入气缸油。

8）脱开盘车机，确认主机周围无障碍物进行冲车，注意从示功阀出来的气流，以便确定气缸内是否有水和燃油，然后关闭示功阀。

（2）水力测功器启动步骤如下：

1）在主配电屏 AC220 V 负载中，将水力测功器电源开关闭合，水力测功器如图 5-1-2 所示；

2）将机旁操作台上的钥匙电源打开；

3）将测功器上的两个滑油杯内注入润滑油，油位不足应补充；

4）将测功器供水电动阀打开。

图 5-1-2 水力测功器

（3）根据说明书给出的标定功率值，操纵柴油机达到标定功率值，记录油箱油尺读数，持续运转 2 h，记录油尺读数。

（4）按下列公式计算油耗率。

$$B = 3.6 \frac{V\rho_f}{t}$$

$$g = \frac{B}{P_e} \times 1000$$

式中　V——燃油箱油位下降对应容积（mL）；

ρ_f——该环境下燃油密度（g/mL）；

B——小时耗油量（kg/h）；

P_e——发动机有效功率（kW）；

g——油耗率［g/(kW·h)］。

（5）在表 5-1-1 中记录数据。

表 5-1-1　功率燃油消耗试验记录

试验时间：　　年　月　日

试验环境（温度 湿度、大气压力）

序号	工况	主机转速 /(r·min⁻¹)	主机功率 /kW	测功器读数 /kg	高温水			低温水		润滑油		燃油		转速 /(r·min⁻¹)	增压器				排气温度					
					进机温度 /℃	出机温度 /℃	进机压力 /bar	空冷器前温度 /℃	空冷器前压力 /bar	进机压力 /bar	进机温度 /℃	燃油压力 /bar	燃油消耗量 /(g·min⁻¹)		进气温度 /℃	进气流量水柱 /mm	增压压力 /bar	增压器前排温 /℃	增压器后排温 /℃	缸号					
																				1	2	3	4	5	6
1																									
2																									
3																									
4																									
5																									
6																									
7																									

5.1.2 启动换向试验

主机启动及换向试验,一是检验主机所配空气瓶的容量能否满足主机启动次数的要求;二是检验主机启动装置能否灵活地启动及换向。

1. 试验内容

(1) 验证主机启动设备的容量能否满足在空气瓶不充气或电瓶不充电的情况下的启动次数(正、倒车应交替进行)。当船上主机多于 2 台时,能启动的总次数应不少于设计规定。

(2) 试验主机启动换向系统的灵活性,以及换向时间是否在规定范围内。

2. 试验要求

(1) 将空气瓶充满空气。在不补充空气的情况下,应能满足可换向主机冷态连续启动至少 12 次的规定;不可换向的柴油机,应能从冷态连续启动不少于 6 次。正车、倒车启动如图 5-1-3、图 5-1-4 所示。

图 5-1-3 正车启动

图 5-1-4 倒车启动

(2) 主机换向试验,要求能在 15 s 内从原来转向改变为另一方向的运转,试验应进行 3 次。

3. 试验方法

(1) 压缩空气启动试验。试验前,空气瓶内气体压力应达到额定工作压力,在中途不补充气的情况下,冷态启动可换向的柴油主机,直至不能启动为止。启动试验应正、倒车交替、连续进行,记录启动次数和最低启动压力。

(2) 主机换向试验。试验时,在主机最低稳定转速下,记录从换向操纵开始到相反方向以燃油开始运转为止的换向时间。

(3) 对于电启动的主机,当蓄电池组充足电时应能冷态连续启动,直至蓄电池不能启动主机为止。记录启动次数。

(4) 用齿轮箱传动,具有倒顺车结构的主机应进行倒顺车试验。在正常换向转速下,从顺车开始至进行倒车,或从倒车开始至进行顺车运转为止。倒顺车换向时间应在规定时间内,其正常换向的转速应不小于主机额定转速的 50%。

4. 试验记录

用压缩空气启动的主机,须记录主机启动前后的空气瓶压力、启动时间、主机最低启动时的空气瓶压力、主机倒顺车换向时间。启动性能试验记录见表 5-1-2。

表 5-1-2　启动换向试验数据记录

试验时间：　　年　　月　　日

柴油机型号			机舱温度 /℃				冷却水温度 /℃					
柴油机编号			大气压力 /MPa				相对温度 /%			润滑油温度 /℃		
启动方式			测量次数	1	2	3	4	5	6	7	8	9	10	11	12
压缩空气启动		启动时间 /s													
		平均每次启动时间 /s													
		空气瓶冷启动次数													
		启动前空气瓶的压力 /MPa													
		启动后空气瓶的压力 /MPa													
		最低启动压力 /MPa													
		启动空气消耗量 /kg													
		平均每次启动空气消耗量 /kg													
电启动		启动时间 /s													
		平均每次启动时间 /s													
	蓄电池	试验前电压 /V													
		试验后电压 /V													
说明	1. 此试验在冷态下进行，如外界温度低于 8 ℃，允许将润滑油及冷却水加热。 2. 启动所需时间指从操作开始到柴油机开始工作为止。 3. 可直接换向的柴油机启动时应正车和倒车交替地进行														

5.1.3　负荷试验

柴油机作为主机时，要做推进特性试验；作为辅机时，要做负荷特性试验。船用柴油机还应有以 110% 额定功率连续运转 1 h 的能力。

（1）速度特性试验。在标定转速下，从空车起按标定功率的 25%、50%、75%、90%、100% 及 110% 逐步增加负荷，测定各项主要性能参数值，绘制标定转速下的负荷特性曲线。

（2）推进特性试验。柴油机按以公式 $P=Cn^3$ 计算的船舶推进特性运转，在持续功率 25%、50%、75%、90%、100% 及 110% 的工况下测定各项主要性能参数值（P—柴油机有效功率，单位为 kW；C—常数；n—柴油机转速，单位为 r/min）。

1. 速度特性试验

（1）启动柴油机达到标定转速。

（2）启动水力测功器达到标定功率 25%，运行时间 0.5 h，记录参数。

（3）水力测功器达到标定功率 50%，运行时间 0.5 h，记录参数。

（4）水力测功器达到标定功率 90%，运行时间 1 h，记录参数。
（5）水力测功器达到标定功率 100%，运行时间 2 h，记录参数。
（6）水力测功器达到标定功率 110%，运行时间 1 h，记录参数。

2．推进特性试验（按公式 $P=Cn^3$ 进行试验）

（1）标定功率 25%，运行时间 0.5 h，记录参数。
（3）水力测功器达到标定功率 50%，运行时间 0.5 h，记录参数。
（4）水力测功器达到标定功率 90%，运行时间 1 h，记录参数。
（5）水力测功器达到标定功率 100%，运行时间 2 h，记录参数。
（6）水力测功器达到标定功率 110%，运行时间 1 h，记录参数。

3．记录试验数据

在表 5-1-3 中记录试验数据。

5.1.4　调速器试验

调速器的性能直接影响柴油机运转的稳定性和可靠性，主机的转速不能超过额定转速的 115%。当突卸或突加额定负荷时，其瞬时调速率不大于额定转速的 10%，稳定时间不大于 10 s，稳定调速率不大于额定转速的 10%。

（1）柴油机最高空载转速运行，突然增加全负荷。
（2）转速记录仪自动记录柴油机转速随时间的变化。
（3）在表 5-1-4 中记录试验数据。

5.1.5　最低空载稳定转速试验

最低空载稳定转速试验：主机应具有良好的低速工作性能。低速机的最低稳定工作转速一般不高于额定转速的 30%。

（1）按推进特性逐渐减少负荷，降低转速。测定带负荷时达到的最低稳定转速。
（2）在最低稳定转速下连续运转 20 min，并在表 5-1-5 中记录试验数据。

表 5-1-3 船舶柴油机负荷试验数据记录

试验时间：　　年　　月　　日

试验环境（温度 湿度、大气压力）：

序号	负荷 /%	转速 /(r·min⁻¹)	功率 /kW	测功器刻度 /kg	运行时间 /h	高温水 进机温度 /℃	高温水 出机温度 /℃	高温水 进机压力 /bar	低温水 空冷器前温度 /℃	低温水 空冷器前压力 /bar	润滑油 进机压力 /bar	润滑油 进机温度 /℃	燃油 进机温度 /℃	燃油 压力 /bar	燃油消耗量 /(g·min⁻¹)	转速 /(r·min⁻¹)	增压器 进气温度 /℃	增压器 进气流量水柱 /mm	增压器 扫气压力 /bar	增压器前排温 /℃	增压器后排温 /℃	排气温度 缸号 1	2	3	4	5	6
1	25				0.5																						
2	50				0.5																						
3	90				1																						
4	100				2																						
5	110				1																						

148

表 5-1-4 调速器试验数据记录

试验时间： 年 月 日

试验环境（温度 湿度、大气压力）：

工况 序号	主机转速/ (r·min⁻¹)	主机功率 /kW	测功器读数 /kg	高温水		低温水	润滑油		燃油			增压器				排气温度 缸号					
				进机温度 /℃	出机温度 /℃	进机压力 /bar	空冷器前温度 /℃	空冷器前压力 /bar	进机压力 /bar	进机温度 /℃	燃油压力 /bar	燃油消耗量 /(g·min⁻¹)	转速/ (r·min⁻¹)	进气温度 /℃	进气流量水柱 /mm	增压压力 /bar	增压器前排温 /℃	增压器后排温 /℃	1	2	3	4	5	6
1																								
2																								
3																								
4																								

表 5-1-5 最低空载稳定转速试验

试验环境（温度湿度、大气压力）

试验时间：　　年　　月　　日

序号	工况	主机转速/(r·min⁻¹)	主机功率/kW	测功器读数/kg	高温水			低温水		润滑油		燃油		转速(r·min⁻¹)	增压器				排气温度 缸号						
					进机温度/℃	出机温度/℃	进机压力/bar	空冷器前温度/℃	空冷器前压力/bar	进机压力/bar	进机温度/℃	燃油压力/bar	燃油消耗量/(g·min⁻¹)		进气温度/℃	进气流量水柱/mm	增压压力/bar	增压器前排温/℃	增压器后排温/℃	1	2	3	4	5	6
1																									
2																									
3																									
4																									
5																									
6																									
7																									

5.1.6　倒车试验

（1）按照说明书规定的倒车最大功率稳定运行 5 min，并测定柴油机的主要性能参数值。

（2）在表 5-1-6 中填写试验数据。

表5-1-6 倒车试验数据记录

试验时间：　　年　　月　　日

序号	工况号	试验环境（温度 湿度、大气压力）		高温水			低温水		润滑油		燃油			增压器			排气温度 缸号					
		主机转速/ (r·min⁻¹)	主机功率/kW	测功器读数/kg	进机温度/℃	出机温度/℃	进机压力/bar	空冷器前温度/℃	空冷器前压力/bar	进机压力/bar	进机温度/℃	燃油压力/bar	燃油消耗量/ (g·min⁻¹)	转速/ (r·min)	进气温度/℃	进气流量水柱/mm	增压压力/bar	增压器前排温/℃	增压器后排温/℃	1	2	3	4	5	6
1																									
2																									
3																									
4																									

152

5.1.7 安全保护试验

1. 超速保护

启动柴油机，在制造厂规定的低负荷下逐步升速至超过标定转速，直至超速保护装置（措施）产生作用，观察并记录最高转速。

2. 运行参数异常报警

在柴油机运行或停车的情况下，分别调节燃油、润滑油、冷却水、空气等有关系统中的压力并采用模拟介质的方法检查各种压力、温度或油雾报警装置的工作情况，记录报警时的有关压力和温度等参数值。低压停车保护开关如图 5-1-5 所示。

图 5-1-5 低压停车保护开关

3. 紧急停车

在制造厂选定的低负荷工况下，检测紧急停车装置对各种输入信号（如手动应急停车、润滑油系统内各关键点的润滑油压力低、轴承温度高等）的响应情况。记录停车机构开始有效动作时的柴油机转速。

4. 联锁装置

在启动、换向前检查各种联锁装置（盘车机联锁、正倒车联锁等）的功能，观察并记录联锁装置的动作状况。

按照试验流程进行操作，在表 5-1-7 中填写试验数据。

表 5-1-7 柴油机安全保护装置试验

试验时间： 年 月 日

试验环境（温度 湿度、大气压力）			
序号	项目名称	设定值	试验动作值	备注
1	超速 /(r·min^{-1})			
2	主滑油最低压力 /MPa			
3	凸轮轴滑油最低压力 /MPa			
4	推力块最高温度 /℃			

续表

序号	项目名称	设定值	试验动作值	备注
5	应急停车			
6	盘车机联锁			

● 【任务考核表】

评价模块	评价内容	评价等级	综合评价
自我评价（20%）	通过本次任务学习，我学到的知识点和技能点有 _____ 不理解的有_____ 我认为在以下方面还需要深化学习，并提升岗位能力：_____		
组内互评（30%）	按时上课，工装齐备，书、笔齐全		
	安全操作，责任心强，6S 管理规范		
	学习积极主动，合理使用教学资源，主动帮助他人		
	接受工作分配，有效沟通，高效完成工作任务		
教师评价（50%）	评语：		

任务 5.2　柴油机系泊试验

● 【学习任务单】

学习领域	船舶柴油机装配与调试	参考学时
项目 5	柴油机性能试验	12
任务 5.2	柴油机系泊试验	4

续表

学习目标	1. 熟悉柴油机系泊试验的试验流程； 2. 了解各试验的要求及试验方法； 3. 掌握系泊试验中主要性能参数的测取方法； 4. 能够正确填写柴油机系泊试验记录表

一、任务描述

船舶在建造或修复竣工后，应在码头进行系泊试验。系泊试验，又称码头试验，是造船过程中的一个重要环节，其目的是检查船体、机械设备、电器设备及动力装置的制造、安装的完整性和可靠性，对不符合要求的地方重新调整，使船舶具备适航条件。系泊试验是船舶航行试验前的一个准备阶段。设备经过调试后，按试验、检验项目向检验员、船东和验船师交验。当全部系泊试验项目完成后，可向船检部门申请船舶试航证书。

二、任务实施

1. 在教师指导下，组建小组，每组 10 人，并确定组长；

2. 按任务工单进行任务分解和资料学习，做好任务分工并进行记录；

3. 掌握系泊试验要求、程序、注意事项、试验记录；

4. 根据要求填写试验计划；

5. 小组经过讨论确定任务结果，每小组由中心发言人进行成果展示，经过全体同学讨论，确定正确结果；

6. 检查总结。

三、相关资源

教材、教学课件、图片、柴油机系泊试验说明书、网络与图书馆资源。

四、教学要求

1. 认真进行课前预习，充分利用教学资源；

2. 充分发挥团队合作精神，正确完成工作任务；

3. 团队之间相互学习，相互借鉴，提高学习效率

● 【背景知识】

系泊试验是在机电设备和其系统安装结束的基础上进行的，通过对机电设备的调整及性能试验，验证机电设备是否达到原设计性能，是否满足船舶设计、船检规范和系泊试验大纲规定的要求。系泊试验时，船上多数设备可进行满负荷试验，并对该设备进行全面考核，例如发电机组、船舶系统、泵和起重设备等，但由于系泊试验无法对与船舶航行有关的设备进行全面考核，如主机及其动力系统、舵机、锚机和导航通信设备等，因此这些设备的性能试验只能在航行试验时进行，但在系统试验时，这类项目应按系泊试验大纲要求调试到最佳状态，同时检验这些设备能否正常地工作，以保证航行试验能安全地进行。

系泊试验的内容很多，工作量很大。为了缩短试验周期和节约人力、物力，一般机械

设备在装船前必须进行严格的台架试验,把缺陷消除在系泊试验之前。另外,系泊试验与船舶建造收尾工作适当地交叉进行,也是缩短试验周期的有效措施。在安排试验项目时,一般原则:主要的、复杂的、新型的、应急施救的机械设备先试验;同一动力来源的设备同时试验;在整个试验中,应以试验时间较长的设备为主体,交叉地进行其他设备的试验;最后还要进行倾斜试验以测定船舶的实际重心位置。

主机和轴系系泊试验主要包括以下内容:

(1) 投油清洗试验;
(2) 动力系统泵试验;
(3) 主机保护装置试验;
(4) 主机报警装置试验;
(5) 集控台主机报警点试验;
(6) 主机启动及换向试验;
(7) 主机和轴系泊运转试验。

● 【任务实施】

5.2.1　投油清洗试验

主机和轴系运转前,应对主机滑油系统、燃油系统及尾轴管滑油系统管系进行投油清洁,清除管系内残留的杂质与垃圾,确保主机与轴系正常运转。

1. 主机滑油系统投油试验

(1) 投油前应具备的条件。

1) 管系均经化学清洗认可;
2) 管系应安装完整,并经畅通性和密闭性试验合格;
3) 滑油循环油舱与凸轮轴油舱应打磨出白并清洁;
4) 根据滑油系统的布置实况确定投油路线,并经检验员、船东和验船师确认;
5) 安装好检验用的临时细滤器,可用符合要求的细铜丝布或滤纸;
6) 投油用油应与主机润滑油牌号相同,或特性相似并得到确认的其他牌号滑油。

(2) 检验内容。主机滑油系统投油,主要是清除系统内的硬质机械杂质及垃圾,以防止进入运动部件而损坏机件。为了达到此目的,投油清洗分机外滑油管系及设备投油、主机内部曲柄箱冲洗、滑油循环舱清洁三个阶段进行。

(3) 检验方法与要求。

1) 机外滑油管系及设备投油。投油须按照预先确定的投油路线进行,也可参照图 5-2-1 所示的投油流程进行。投油时,采用临时油泵,油温加热至 35℃~45℃。为了取得较好的投油效果,应对管系特别是管系弯头处用木槌间断敲击,或使用振动工具,使杂质和垃圾脱离管壁。在向检验部门交验滑油投油时,应在检验人员在场的情况下,对所提交的滑油系统连续投油 4 h。投油后,用视觉观察、手感触摸或磁铁检查,确认滤网上无金属颗粒等杂质,则滑油系统投油清洗工作合格,否则要重新按上述方法继续投油清洗,直至达到投油要求。

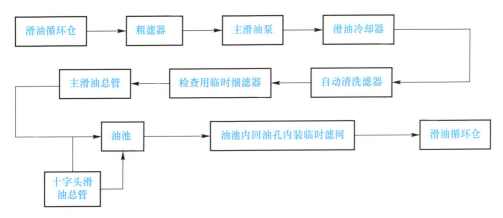

图 5-2-1 投油流程

2）主机内部曲柄箱冲洗。在滑油系统投油前，应先对主机内部进行清洁（用抹布擦拭干净），使主机曲柄箱内部无杂质和垃圾，然后将油泵增压后的滑油通过临时冲油管对机内进行冲洗，使主机内部达到清洁要求。

3）滑油循环舱清洁。在主机滑油系统投油清洗认可后，应将主机滑油循环舱内的清洗油排空，清洁滑油舱，要求舱内的任何部位均无机械杂质和垃圾。清洁方法一般采用面粉团粘沾的办法。

2．主机燃油系统投油试验

（1）投油前应具备的条件。

1）管系需经化学清洗认可；

2）管系应安装完整，并经密闭性试验验收；

3）日用燃油舱经清洁检查认可；

4）投油清洗一般采用船舶自有的系统、设备和滤器，在燃油未进入高压油泵的情况下进行。为此，主机高压油泵管系应接临时跨接回油管；

5）使用与主机相同牌号的燃油投油。

（2）主机燃油系统的机外管路投油清洗。主机燃油系统投油，主要是清除燃油系统内部存在的硬质机械杂质和垃圾，以防止杂质进入主机高压油泵、喷油器而造成堵塞、损坏，进而影响主机的正常工作。因此，必须对进入主机的燃油系统的机外管路进行投油清洗，方法与滑油系统投油清洗相同，直至满足投油要求为此。

（3）燃油检验方法与要求。投油结束后，当滤器滤网上无硬质金属颗粒等杂质时，则可以认为燃油系统已投油清洗合格。

3．尾轴管重力油管路投油试验

（1）投油前应具备的条件。

1）滑油管系需经化学清洗认可；

2）滑油管系应安装完整，并经密闭性试验合格；

3）补给油箱及重力油箱内部应经清洁检查认可；

4）由于投油时，滑油不进入重力油箱与尾轴管，所以在进尾轴管处要加接头，跨接至补给油箱；

5）投油使用的滑油应与尾轴管所用的滑油牌号相同。

（2）检验内容。对采用巴氏合金轴承的尾轴管滑油系统，为了使进入尾轴管内的滑油保持清洁，应对从补给油箱至重力油箱，以及进入尾轴管的滑油管路进行投油清洗。

（3）检验方法与要求。用船上的补给油泵从补给油箱内吸入滑油，输至重力油箱处跨接的重力油管，再回到补给油箱，运转一段时间后检查滤网，若无金属硬质颗粒及垃圾，则可认为投油清洁已符合要求。重力油箱的内部清洗可采用面粉团粘沾办法检查，若无杂质及硬质颗粒，则可认为重力油箱的清洗已符合要求。

5.2.2 动力系统泵试验

动力系统泵是指直接为主机运转服务的泵。在主机进行系泊试验前，应对这类泵逐台进行试验。动力系统泵包括主机滑油泵、燃油泵和主机海水泵、淡水泵等（以及相应的备用泵）。

1. 试验前应具备的条件

（1）系统管系应按图样要求进行安装，并经密闭性试验合格；
（2）泵与电动机的安装质量经检验认可；
（3）泵吸入及排出处应安装经认可的计量部门校准合格的压力表；
（4）测量电机及控制设备的冷态绝缘电阻，应大于 1 MΩ。

2. 试验内容

（1）泵运转试验；
（2）泵及系统效用试验。

3. 泵的试验方法与要求

（1）泵运转试验。动力系统泵（包括备用泵）试验时须调节泵的出口阀，使泵的排出压力和吸入压力符合泵的总扬程。泵连续工作 1 h，检查运转是否平稳，轴封水密性、电机及轴承的温升等情况，运转时应无异常发热。大多数情况下，滑动轴承工作温度不得高于 65 ℃，滚动轴承工作温度不得高于 80 ℃，泵轴封处水的泄漏量不得多于 50 滴/分。机械密封只允许局部有轻微渗漏，有渍不成滴。

运转试验时，应记录泵的吸入及排出压力、启动电流、工作电流，工作电流不能超过电动机铭牌上的标定值。此外，须测量电机及控制箱的热态绝缘电阻，应大于 1 MΩ。在试验即将结束时，对可做封闭试验的泵，用关闭泵排出阀的办法，检查泵的封闭压力，了解泵能达到的最高压力。试验时，用钳型电流表测量电流，用兆欧表测电阻。轴承温度一般用手做触觉检查，如发现温度高，可用点温计测量。

（2）泵及系统效用试验。在泵运转试验结束后，应对动力系统泵进行系统效用试验。系统效用试验是指通过泵、管路将介质输送到主机的规定部位，检查是否满足主机正常运行且达到设计要求，其试验方法与要求如下：

1）用主滑油泵向主机供油，检查进入主机的滑油状况，如：向主机主轴承、推力轴承、传动齿轮或链轮处的供油情况；向十字头轴承、连杆轴承、活塞杆处供油的情况。同时，检查与主机相连接的管接头处有无泄漏现象。

2）用凸轮轴油泵向凸轮轴供油，检查凸轮轴滑油泵压力及进入凸轮油箱的供油情况。若供油情况正常，则可认为滑油系统符合要求。

3）用主机燃油循环泵和主机燃油供油泵向主机及系统供油，检查燃油泵压力及主机连接处有无泄漏。

4）用主机海水冷却泵向主机海水冷却器、空冷器、凸轮轴冷却器、淡水冷却器供给冷却水，试验冷却水的畅通性，同时检查所有连接处有无泄漏。

5）用主机淡水冷却泵向主机淡水冷却器、冷却腔供给冷却水，试验冷却水进入主机各腔的畅通性。

由于大型主机往往是在船上进行组装的，所以还需对主机各冷却部位的密封性进行试验。若确认没有冷却水泄漏，且冷却水工作压力正常，则可认为该主机淡水冷却系统效用试验合格。

系统的备用泵也按上述方法进行试验。

4．试验记录

试验时应记录泵的进、出口压力、电动机启动电流及工作电流、电机及控制箱冷、热态绝缘电阻，试验记录见表 5-2-1。

表 5-2-1　泵及电机试验记录

名称及编号	功率/kW	电压/V	电流/A	转速/(r·min^{-1})	工况	泵压力/MPa		电压/V	电流/A		绝缘电阻/MΩ	
						排出	吸入		启动	工作	冷态	热态

5.2.3　主机保护装置试验

为保证主机能正常运转，在机器上设置了保护装置。主机在运转过程中，当某一参数超过或低于安全运行的规定值时，该装置能使主机自动停止运转。为了防止发生主机操纵方面的误操作，设置了主机联锁装置。

1．试验内容

主机保护装置试验应在主机运转之前逐项试验其动作的正确性。试验内容如下：

（1）滑油压力低压和凸轮轴滑油压力低压停车效用试验；

（2）推力轴承高温停车效用试验；

（3）超速停车效用试验；

（4）机旁应急停车装置效用试验；

（5）盘车联锁装置试验。

2．试验要求

主机各保护装置应按系泊试验大纲要求的各项参数值进行调整，或以主机说明书的规定值作为主机保护装置调试的依据。

（1）主机滑油压力降低至规定的停车压力时，主机应能自动停车。当凸轮轴滑油压力降低到规定的停车压力时，主机也应该能自动停车。

（2）主机推力轴承温度高至规定的停车温度时，主机应能自动停车。

（3）主机超速停车试验的转速应符合试验大纲和中国船级社船舶建造规范的要求。主机应装有可靠的调速器，确保转速不超过额定转速的115%。对于额定功率大于220 kW且带有离合器或可调螺距螺旋桨的主机，应装有防止主机超过额定转速120%的超速保护装置。超速保护装置应该能保证主机超过规定转速时使主机停车。

（4）机旁应急停车装置试验。用手按停车装置时，主机应能立即停车。

（5）主机盘车联锁装置试验。在盘车机齿轮啮合时，应无法启动主机。

3. 试验方法

（1）主机滑油低压、凸轮滑油低压停车装置试验采用模拟方法。将主机滑油压力传感器与原系统的接头脱开，接至手掀油泵并逐渐加压，当达到滑油正常压力时启动主机，使其低速运转，而后逐渐降低手掀油泵压力，当手掀油泵的油压力降低到规定的滑油低压停车压力时，压力传感器应动作并使主机自动停止运转。用类似方法检查凸轮轴滑油低压停车装置。在进行上述试验时，须记录滑油低压停车和凸轮轴滑油低压停车时的油压。

（2）推力轴承高温停车装置试验采用模拟方法。将主机推力轴承的温度传感器从机上拆下，放入电加热的液体，并放入测量用的温度表，不断搅拌液体，使温度均匀上升，此时启动主机使其低速运转，当液体的温度达到规定的推力轴承高温停车温度时，温度继电器应动作使主机自动停车。试验时，记录推力轴承高温停车时的温度。

（3）超速停车装置试验。目前船上使用比较普遍的是电子超速停车装置，使用机械飞车保护装置的比较少。由于主机超速保护装置形式较多，调试方法也有所不同，试验时要按不同机型的主机说明书或试验方法进行。

由于主机在系泊试验时负荷较大，试验主机超速停车装置时，一般不能将主机转速开得过高，故船厂一般采用模拟方法试验。

1）电子超速停车装置的试验方法：先在电子超速停车装置上设定一个转速（转速应在主机系泊试验转速范围内），然后将主机加速到设定的转速，检查主机是否能自动停车。然后，在电子超速停车装置上设定另一个转速，当主机加速到这个设定转速时检查主机能否自动停车，试验1~2次。如果主机均在电子超速停车装置设定的转速时自动停车，则说明电子超速停车装置上标定的停车转速是正确的，动作有效。

2）飞车保护装置试验采用模拟方法。在主机系泊试验的转速范围内任意确定一个转速，然后调节保护装置使主机停车，此时可读出保护装置旋钮上所示的油门格数。用同样方法在另一个转速时，使主机停车，得出保护装置旋钮上另一个油门格数，一般应试3种转速。在直角坐标纸上，根据主机转速与保护装置油门格数标出坐标点，由于转速与油门格数呈线性关系，我们可从该几个点的连线延长线上找出主机超速停车时相应的油门格数，据此调整飞车保护装置，并锁牢。试验时，要记录各转速时的油门格数，以及主机飞车保护装置所设定的停车转速及油门格数。

3）对于通过离合器将主机功率传递给螺旋桨，或者螺旋桨采用可变螺距装置的船只，其主机超速保护装置的试验较为方便。对于采用离合器传动装置的船只，只需将主机与离合器脱开；采用变螺距装置的，只要将螺距放在较小位置或零螺距，就可直接将主机转速加速，主机达到停车转速时能自动停车。

4）机旁应急停车装置试验在主机低速运转时进行，按下机旁应急停车装置按钮，若主机能立即停车，则可认为应急停车装置工作正常。

5）盘车机联锁装置试验。在主机盘车机齿轮与曲轴大齿轮呈啮合状态时，主机启动系统的滑阀应能将空气切断，使主机无法启动。检验方法：在啮合状态进行主机启动试验，主机若不能启动，则可认为主机盘车机构联锁装置工作正常。

4．试验记录

主机保护装置试验时应做好如下试验记录：

（1）主机滑油低压停车时的滑油压力、凸轮轴滑油低压停车时的滑油压力。

（2）推力轴承高温停车时的温度。

（3）主机超速停车装置设定的主机停车转速。

试验记录见表 5-2-2。

表 5-2-2　主机保护装置试验记录表

试验装置名称		要求	实测结果
主机滑油低压停车装置		MPa	MPa
凸轮轴滑油低压停车装置		MPa	MPa
主机推力轴承高温停车装置		℃	℃
主机超速停车装置		r/min	r/min
主机机旁应急停车装置			
主机盘车机联锁装置	啮合		
	脱开		

5.2.4　主机报警装置试验

为了使主机能正常地运行，在主机系统的重要控制点处设置了较多的安全报警装置。主机运行时，当某一个参数不符合主机说明书所规定的要求，而达到预先设定的报警参数值时，主机报警装置应立即发出声光报警信号。

1．试验内容

主机系统设置的报警装置一般为高、低温报警装置和低压报警装置。高温报警主要包括推力轴承高温、主机排气高温、主机扫气高温、增压器进气高温、燃油高温、滑油出口高温、冷却水出口高温等。低温报警包括滑油进机低温、冷却水进机低温等。低压报警一般包括滑油低压、燃料油低压、冷却水低压、海水低压、操纵空气低压等。不同柴油机的报警装置数量与位置也不相同，试验时应对所有报警装置逐个进行试验，以检验报警点是否在规定的参数值时报警。

2．试验要求

高、低温报警装置和低压报警装置报警点的调整依据为系泊试验大纲或主机说明书所规定的参数值，对主机系统所有的报警测量点应逐个进行试验，确认在各自规定的参数值时能发出声光报警信号。

3．试验方法

报警装置大多采用模拟方法检验，下面分述低压报警、低温报警、高温报警 3 种类型的试验方法。

在报警装置效用试验时，主机不必运转，只要将主机低压报警传感器和高、低温温度传感器从机上拆下进行试验即可。试验低压报警时，将压力传感器接至手掀油泵；试验高、低温报警时，将温度传感器放入电加热的液体容器。

对用于主机排气、扫气、增压等的高温报警装置，其模拟试验方法根据热电偶特性的种类，采用电阻法、电压法或电流法进行，并依据相应的曲线，找出规定的高温报警温度值的对应量，然后进行设定，观察报警动作的正确性。上述各项试验进行 2~3 次。

4．试验记录

主机低温报警、高温报警、低压报警装置试验时，应做好每一个报警装置报警值的记录，试验记录见表 5-2-3。

表 5-2-3 主机报警装置试验记录表

装置名称		要求	实测	装置名称		要求	实测
主机操纵控制油低压报警		MPa		活塞冷却水进口低温报警		℃	
启动阀后空气低压报警				主机滑油	进口低温		
缸套冷却水进口低压报警					出口高温		
主轴承滑油进口低压报警				主润滑油头冷却水	进口低温		
喷油器冷却水进口低压报警					出口高温		
主机海水进口低压报警				推力轴承滑油高温报警			
活塞冷却水进口低压报警				主机扫气温度高温报警			
燃油进机低压报警				扫气箱高温报警	1	℃	
十字头滑油进机低压报警					2		
控制空气低压报警					3		
应急气源低压报警					4		
缸套冷却水进口低温报警		℃			5		
主机冷却水出口高温报警	1				6		
	2			排气高温报警	1		
	3				2		
	4				3		
	5				4		
	6				5		
主机冷却水出口高温报警					6		

续表

	装置名称	要求	实测		装置名称	要求	实测
1	活塞冷却水出口高温报警	℃		1	增压器前排气高温报警	℃	
2				2			
3				1	增压器后排气高温报警		
4				2			
5					燃料油高温报警		
6							

5.2.5 集控台主机报警点试验

主机报警板是集控台报警系统的一个组成部分，目的是引起值班人员对主机出现的不正常情况的注意，帮助值班人员确定不正常情况的性质和位置，促使值班人员采取有效的、正确的以及可以预防的措施。根据船舶自动化程度不同的要求，在无人机舱和一人机舱的船上，主机工况和安全保护功能均应在集控台显示出来。在主机系泊试验前做此项检验，目的是检查主机工况数据传递的连续性和正确性；检查主机安全保护装置的功效，以保证主机系泊时观察主机的工作情况，做出正确的判断。

主机报警板试验的内容包括主机保护系统的报警信号；体现主机工况的压力、温度报警信号；为主机服务的液位、流量报警信号；其他与主机相关的报警信号。按照国家船舶检验局《国内航行海船法定技术检验规则》的要求，主机工况监控点应不少于33个部位。

1. 试验前应具备的条件

（1）进行集控台报警试验前，机舱内与主机系统相关的机电设备应全部安装完毕，主要辅助设备如供油泵、水泵等，均应单独做好试验，能确保主机在系泊试验期间正常工作。

（2）集控台报警系统应完成自检功能的试验，以证明集控台处于正常的工作状态，这样在做主机报警试验时能及时判断出报警的准确性。

（3）对于在试验中需要用的各类测试工具和仪器仪表，应处于校准有效期内。

（4）试验时，应该由专业人员进行操作，以保证试验质量，减少操作失误。

（5）为避免试验期间的误报警，允许把与主机报警无关的报警点暂时切断。

2. 试验方法

根据不同性质的试验内容，一般采取的试验方法有以下几种：

（1）压力报警点试验。包括压力传感器和压力继电器。试验时一般采用手摇液压泵，具体做法：将原压力继电器上的油管或者水管拆下，把手摇液压泵的管路接上，升压至设备正常工作值后降压，在压力发生变化期间检查压力继电器触点闭合或者断开时的压力值；当开关动作时，检查传至集控台的报警信号线路是否畅通无误，报警时的声响信号和视觉信号是否符合技术要求。每项试验应该反复做几次，对于出现的较小的偏差，允许当场进行调整；出现较大的偏差时，应该停止试验，进行分析和处理，问题解决后方可继续进行试验。

（2）温度报警点试验。包括温度传感器、温度继电器和传输线路。温度报警点试验一般可以分为两类：100 ℃以上为一类；100 ℃以下为一类。具体做法如下：

1）100 ℃以上的温度传感器一般采用热敏电阻或热电偶，前者称作热电阻式温度传感器，后者称为热电偶式温度传感器。对于热电阻式温度传感器，由于电阻值随着温度的变化而变化，因此可以利用电阻箱来调整电阻值，达到报警试验的目的。对于热电偶式温度传感器，由于热电偶随着温度的变化而产生不同的电动势，试验中可以用毫伏计来改变电动势，实现报警试验的目的。

2）对于100 ℃以下的温度传感器试验，一般先将传感器从设备上拆下来，放入电加热器，同时放入温度计，使温度逐步升高。当温度达到报警值时，检查温度控制器中的触点闭合或断开情况以及集控台的信号传递。报警无误后，将温度降下来，重新加温。试验中如果温度值有偏差，允许在现场做小范围的调整，调整后应重新试验。

（3）主机安全保护和其他相关的报警点试验。这类报警点一般采用模拟方法试验。包括降低整定值、拔熔断器、拆信号线或按试验按钮等。这是因为有些安全保护系统报警必须在主机动车时才能进行，而液位、流量方面的报警点，原则上应该在设备安装结束后进行试验。在试验过程中，前者可以通过触点的闭合或者断开来判断报警线路的畅通性，后者可用手动浮漂升或者降来检查报警通道的正确性。

3．试验控制要点和试验记录

（1）如果报警系统是由开关电路控制的，当产生报警信号时，应该能够同时发出声响信号和视觉信号。如果报警系统是由电子计算机或者可编程序控制器控制的，所产生的故障报警应该在2 s内做出响应。

（2）在液位报警点试验中，应注意浮漂的复位量。这是因为当液体临近或者处于临界状态时，由于船舶本身的摇摆很容易造成误报警。对于此类情况，一般要求加有延时电路，并根据船东或船检师的要求检验延时的时间控制。

（3）对于某些具有整定值可以调节的报警点，在试验中应注意调节功能和锁定功能。试验结束时，应将调定的数值锁定固封并且使之易于检查。

（4）在试验中应该注意报警系统的共用性。即报警系统应该能够对所有产生的故障发出警报。当一个故障发生报警时，应该不妨碍同时发生的其他故障的报警。故障排除以后，报警通道应该自动恢复到正常的工作状态。

（5）试验记录是提交设备进行检验的依据。

5.2.6　主机和轴系系泊运转试验

在系泊试验时，主机转速一般不能达到额定转速，故只能对主机进行初步调整，并对其附属系统进行工作协调性检查。因此，系泊试验只能确认主机和轴系是否已具备进行航行试验的条件，对主机的全面考核将在航行试验阶段进行。

1．试验前应具备的条件

（1）主机动力系统的泵（包括备用泵）及其系统已经过试验，工作正常；

（2）主机及操纵台系统的仪表准确、完整；

（3）温度、压力报警装置及应急停车装置已经过试验，工作正常；
（4）船带缆绳、缆桩以及与码头的系缆状况能承受主机系泊试验的负荷。

2．试验内容

（1）主机附属系统及泵能否正常、协调地工作，其工作压力能否满足主机正常运转的要求。

（2）主机操纵系统及各信号装置能否正常工作。

（3）主机和轴系能否平稳地运转，各轴承温度是否在规定范围内。

（4）主机运转时各活动部件能否正常工作。

（5）对主机的各缸热工参数按要求做初步调整。

3．试验要求

主机系泊试验应按系泊试验大纲或参照《海船系泊及航行试验通则》（GB/T 3471—2011）的有关要求进行。

（1）柴油机系泊试验工况和时间的确定。

主机系泊试验工况和试验时间见表 5-2-4。

表 5-2-4 试验工况及时间

工况序号	扭矩比值 /%	试验时间 /h
1		
2		
3		
4		
倒车		

（2）主机附属系统的试验要求。主机运转时，所有主机附属系统的泵均应配合主机一起运行（包括进行备用泵的转换试验），以检查各系统的工作协调性和工作压力是否在规定范围内。

（3）主机操纵及信号装置试验。主机操纵系统工作正常，且操纵部位能进行转换，仪表及信号装置均能按要求正常工作。

（4）轴系试验要求。轴系运转平稳，各道轴承的温升符合规定要求，各轴封不漏油。轴承温升可参照《内河船舶轴系修理技术要求》（JT/T 286—1995）的标准，见表 5-2-5。

表 5-2-5 轴系稳定温度

部位 \ 环境温度 \ 转速	$n<300$ r/min		$n>300$ r/min	
	≤30℃	>30℃	≤30℃	>30℃
推力轴承	≤60℃	≤65℃	≤65℃	≤70℃
滑动中间轴承	≤55℃	≤60℃	≤60℃	≤65℃
滚动中间轴承	≤65℃	≤70℃	≤70℃	≤75℃
填料函与压盖	≤70℃			

（5）主机的试验要求。主机试验时，各活动部件应运转正常，无不正常发热和异常响声等现象。在额定扭矩下，应对各缸的工作均匀性进行初步调整，调整要求应符合说明书要求。

4．试验方法

主机系泊试验须在几挡转速下进行，以检验主机附属系统及泵的工作压力、主机操纵系统及各信号装置、主机及轴系是否有异常声响、各零部件是否有过热现象。试验时应对各缸热工参数进行初步调整，由于系泊试验时主机功率较小，在航行试验时还须重新调整。

主机系泊试验结束后，须打开曲柄箱门检查连杆轴承及主轴承的温度、轴系轴承温度，不超过 60 ℃。

5．试验记录

主机系泊试验时，应记录动力系统的各工作压力、温度，主机各缸的压力、温度，以及主机的热工参数，试验记录见表 5-2-6。

表 5-2-6　柴油机试验记录表

试验内容		单位	测量次数							
			1	2	3	4	5	6	7	8
主机转速/螺旋桨转速		r/min								
功　率		kW								
扭　矩		N·m								
压缩压力/爆发压力	1	MPa								
	2									
	3									
	4									
	5									
	6									
	7									
	8									
冷却水出机温度/废气排气温度	1	℃								
	2									
	3									
	4									
	5									
	6									
	7									
	8									
排气背压		MPa								

续表

试验内容		单位	测量次数							
			1	2	3	4	5	6	7	8
润滑油压	滤器前	MPa								
	滤器后									
	主轴承									
推力轴承温度		℃								
全顺车至全倒车所需时间		s								
废气涡轮增压器	转速	r/min								
	扫气压力	MPa								
	扫气温度	℃								
	废气温度（涡轮前/后）	℃								
	滑油温度（进/出）	℃								
	进油压力	MPa								
	冷却水温度（进/出）	℃								
	停增压器试验	主机工作情况								
环境温度 /℃		大气压力 /MPa			相对湿度 /%					

【拓展知识】

柴油发电机组是船舶的主要动力设备，通过配电板向所有的电气设备提供足够的工作能源，以保证船舶的正常航行和日常生活用电。尽管柴油发电机组在出厂时已经做了例行试验，并由船检机构颁发了合格证书，但考虑到运输过程中的颠簸和装卸等原因，装船以后通常都要重新做试验。其目的：一是检查柴油发电机组总装后的完好程度；二是检验配套设备的适用性；三是给船方提供一套完整的的工作记录。

为了适应船舶的连续航行，要求柴油发电机组能长时间地不间断工作。目前，大型船舶都装有两台以上的发电机组。随着负载的增减，可以用一台发电机，也可以用两至三台发电机并联运行，所以每台发电机组的参数组合都要相互适应。由于船用配电板都安装在集控室内，直接控制发电机的运转，所以一般在船上试验时，这两项内容是同时进行的。

1. 柴油发电机组和配电板试验

（1）发电机组和配电板绝缘电阻测量。任何电气设备在通电以前，都要进行绝缘电阻的测量，这是人身安全和设备安全的根本保证，也是检验过程中的必检项目。绝缘电阻分为冷态绝缘电阻和热态绝缘电阻。冷态绝缘电阻是指试验前设备的绝缘电阻，这时设备处于自然状态，检验设备安装情况。热态绝缘电阻是指设备运行一定时间，达到温升后的绝缘电阻，这时设备仍处于工作状态，是在动态和热态情况下，检验设备绝缘材料的绝缘性能变化情况。

1）检验内容与条件。在进行冷态绝缘电阻测量前，应断开配电板上所有外部线路的连接，并且须将发电机组和配电板上所有半导体元件的线路断开，避免因电流过大而损坏半导体元件。

发电机组和配电板绝缘电阻测量的内容包括配电板汇流排对地的绝缘电阻；发电机电枢绕组对地的绝缘电阻；发电机励磁绕组对地的绝缘电阻；发电机空间加热器对地的绝缘电阻；调速电动机对地的绝缘电阻。

2）检验的实施和记录。在柴油发电机组和配电板试验之前，进行冷态绝缘电阻的测量。测量可用兆欧表进行，将兆欧表的一端接地，另一端接所要测量的部位。测量时要求验船师和船东在场。

对于柴油发电机和配电板的热态绝缘电阻，应该在设备试验后立即进行测量，测量方法与检验冷态绝缘电阻的方法相同。无论何种状态，其最低绝缘电阻值对于配电板长度小于或等于 6 m，应大于或等于 1 MΩ；配电板长度大于 6 m，应大于或等于 1 MΩ。记录见表 5-2-7。

表 5-2-7　发电机及配电板绝缘电阻测量记录

序号	项目	相位	冷态	热态
1	配电板汇流排	A		
		B		
		C		
2	发电机电枢绕组	A		
		B		
		C		
3	发电机励磁绕组			
4	空间加热器			
5	调速电动机			

（2）柴油发电机组启动试验。

1）试验内容。用船上配备的启动设备进行试验（一般用空气启动，也有用蓄电池启动的）。试验时，对冷态柴油机组进行启动，检验其启动灵活性、启动时间及启动次数。

2）试验要求。

①用压缩空气启动的柴油机：将一只副空气瓶充气至额定工作压力，在中途不补充气的情况下启动冷态柴油机，启动次数不少于 6 次。

②用电启动的柴油机：在蓄电池组充足电源，中途不补充电的情况下启动冷态柴油机，启动次数不少于 6 次。

③应急柴油发电机：在 0 ℃以下的环境状态下具有冷态启动的能力。对于自动启动的应急发电机组，每台机组应能具有连续 3 次启动能源。此外，还应具有第二能源，在 30 min 内能启动 3 次。

3）试验方法。

①用压缩空气启动的柴油机：试验前将一只副空气瓶充气至额定工作压力，柴油机应从冷态开始进行启动试验，当柴油机启动至柴油燃烧后立即停车，然后再次启动。试验时

应记录每次启动前、后的空气瓶压力及最低启动压力。

②用蓄电池启动的柴油机：试验前将蓄电池组（两组）充足电源，柴油机应从冷态开始进行启动试验，当柴油机启动至柴油燃烧后立即停车，然后再次启动。试验时应记录蓄电池启动柴油机的次数。

③自动启动的应急柴油发电机，应做主发电机停电状态下的自动启动试验。试验时，记录从主电源切断到应急发电机自动启动运行所需的时间。对于要求在气温 0 ℃ 以下做启动试验的柴油机，气温条件一般较难满足，只能在当时环境条件下试验。

④对应急柴油发电机组还应进行第二种启动源的启动试验，试验 3 次（除非柴油机能手工启动）。

4）试验记录。柴油发电机启动试验须记录启动前后副空气瓶压力、启动次数及最低启动压力。用蓄电池组启动的柴油机则要记录启动次数。试验记录见表 5-2-8。

表 5-2-8　柴油发电机启动试验记录表

柴油机编号	使用空气瓶		累计次数	空气压力 /MPa		每次启动时间 /s	最低启动压力 /MPa
	数量	容量 /m³		启动前	启动后		

（3）安全报警装置试验。

柴油机的系统上设有低压、高温等安全报警装置。

1）试验内容。柴油机一般设有滑油低压、冷却水低压、冷却水高温及滑油滤器压差过大等安全报警装置。检验低压、高温、压差等安全报警装置报警功能，当任一测量点实测值达到预定的报警值时，安全报警装置应能发出声光报警信号。当上述安全报警装置实测值达到设定的停车值时，柴油机应能自动停车。

2）试验要求。柴油机安全装置的调整依据是系泊试验大纲或柴油机说明书所规定的安全装置的报警值，当该系统的低压、高温、压差中任何一个达到设定的报警值时，安全报警装置应立即发出声光报警信号。如系统的参数再次偏离，达到设定的停车值时，柴油机应立即自动停止运转。

按规范规定，额定功率大于 220 kW 的柴油发电机组，还应设有超速保护装置，当柴油机转速超过额定转速的 15% 时，超速保护装置应能动作，使柴油机自动停车。

3）试验方法。

①低压、高温等声光报警装置采用模拟方法试验，调试方法与主机报警装置相同。

②滑油低压采用模拟方法试验。将滑油传感器从机上拆下接至手动泵，使滑油压力达正常值，然后启动柴油机，并用手动泵控制滑油压力，当滑油压力降低到报警压力时，应发出声光报警信号，当继续降低到低压停车压力时，柴油机应能自动停车。

③冷却水高温停车装置采用模拟方法试验。用电通过水加热温度传感器，加热前启动柴油机，当传感器达到高温报警的温度时，应发出声光报警信号，如温度继续上升至高温停车的温度时，柴油机应能自动停车。

对于柴油发电机额定功率大于 220 kW 的机组，应做超速保护装置试验。在柴油机空载转动情况下，将柴油机转速从额定转速向上加速，当达到额定转速的 115% 时应能自动停车。

4）试验记录。试验时应对每一压力、温度安全报警检测点做好报警及停车记录，记录内容见表 5-2-9。

表 5-2-9　柴油发电机安全报警装置试验记录表

试验装置名称	要求	实测结果
滑油低压报警	MPa	MPa
滑油低压停车	MPa	MPa
冷却水高温报警	℃	℃
冷却水高温停车	℃	℃
柴油机超速停车	r/min	r/min
冷却水低压报警	MPa	MPa
滑油滤器压差报警	MPa	MPa

2．锚机系泊试验

锚机是用作抛、起锚的一种专用设备，能保证船舶在锚地停泊。

锚机有蒸气锚机、电动锚机和液压锚机三种。近年来建造的船舶使用液压锚机的较多。锚机在系泊试验时承受的负荷较小，因此只能对锚机的性能做初步检验，为船舶进出港做安全保证。锚机性能试验，应于航行试验时在水深的锚地进行。

（1）试验前应具备的条件。

1）锚链及锚应按图样要求装好，锚链之间连接卸扣通过锚链滚轮时应为水平方向，锚链末端应安装在脱钩装置内并锁牢；

2）锚链冲水管已装好，并能对锚链冲水；

3）锚机电机及控制箱冷态绝缘电阻应大于 1 MΩ；

4）锚机、制链器和链轮安装结束并检验合格。

（2）试验内容。

1）锚机液压管路投油清洗；

2）液压锚机安全阀校验；

3）锚机空载运转；

4）锚机抛、起锚试验；

5）锚机过载试验。

（3）试验要求。

1）液压管路投油时，检查滤网（200 目 / 平方英寸或 200 目 /cm^2）或滤纸，应无杂质、垃圾。

2）液压锚机安全阀调试压力按系泊试验大纲规定设置，开启压力应不大于 1.25 倍最大工作压力，且不得大于系统设计压力。

3）空载运转试验。液压锚机应连续正倒车运转 20~40 min，每隔 5~10 min 转换一次方向，试验时应无漏油、发热及异常敲击声。电动机正倒车运转各 15 min，并做 25 次启动试验，应无异常发热及敲击声。试验后测量电动机及控制箱热态绝缘电阻，应大于

1 MΩ。绝缘电阻测量也可放在抛、起锚试验后进行。

4）效用试验。将锚分别抛出，同时用制动器刹车2次，然后收锚，检查离合器操纵的方便性和刹车装置的可靠性，并检查锚链冲水装置的工作情况。锚链收紧时，用止链器夹紧，此时锚应紧贴船体。

5）锚机电动机过载试验。过载保护装置应在电流达额定电流的1.35倍时动作。

（4）试验方法。

1）液压管路投油清洗。投油前先对油箱进行清洁检查，应无颗粒垃圾及电焊飞溅。投油应在油箱内加入与正常使用时同样牌号的液压油，并加热到45 ℃左右。投油一段时间后检查滤网或滤纸，应无杂质、垃圾。

2）液压管路安全阀校验。检验时用调节液压系统阀的办法，使压力达到试验大纲规定的起跳压力时，安全阀开启。

3）锚机空载运转。空载运转应倒顺车交替连续检查无漏油、发热及异常敲击声。

4）效用试验。一般应抛出5节锚链（由于码头水深较浅，抛出锚链的长度可按实际情况而定），起锚过程中应进行数次刹车，以检验刹车装置的效用。起锚时，记录起1节或2节锚链的时间，左、右锚链应分别进行试验，经计算的起锚速度应符合要求。起锚和抛锚时观察锚链通过链轮的情况，应平稳，无跳链现象。锚链收紧到终止位置时，用止链器止链，此时锚应紧贴船体，以确保航行时不会敲击船体。同时，起锚时应观察冲水管的冲水效用，应能有效地去除锚链上的污泥。

5）锚机过载试验。交流电动机用自耦变压器模拟电源进行校验；直流电动机用直流电焊机通过实际电流进行校验。试验时应做好过载电流的记录。

（5）试验记录。锚机试验时，做好试验前后电动机及控制箱的冷热态绝缘电阻值记录，同时记录空载运转及起锚试验时电动机的启动电流、工作电流及起锚时间，从而计算出起锚速度及过载试验时的电流值。由于前面所述锚机系泊试验的负荷较小，全面的性能试验应在航行时进行，为此，系泊试验仅做原始记录，记录见表5-2-10、表5-2-11。

表5-2-10 电动锚机试验记录表

船名＿＿＿＿＿＿ 试验日期＿＿＿＿年＿＿月＿＿日

电动机规格：型号＿＿＿＿＿＿ 额定电压＿＿＿＿＿＿V

额定电流＿＿＿＿＿＿A 额定转速＿＿＿＿＿＿r/min

额定功率＿＿＿＿＿＿kW 工作制＿＿＿＿＿＿

制造厂＿＿＿＿＿＿ 出厂编号＿＿＿＿＿＿

工作状态	挡数	电流/A			工作电压/V	火花等级	备注
		启动	工作	破土			
	1						
	2						
	3						
	4						
	5						

续表

工作状态	挡数	电流 /A			工作电压 /V	火花等级	备注
		启动	工作	破土			
	1						
	2						
	3						
	4						
	5						

绝缘电阻：试验前_____MΩ　　试验后_____MΩ

减速箱滑油温度_____℃

表 5-2-11　液压锚机试验记录表

船名_____　　试验日期_____年____月____日

油马达规格_____　　油泵规格_____

型号_____　　型号_____

排量_____L/min　　排量_____L/min

压力_____MPa　　压力_____MPa

转速_____r/min　　转速_____r/min

扭矩_____N·m　　扭矩_____N·m

制造厂_____　　制造厂_____

出厂编号_____　　出厂编号_____

工作状态	转速 /(r·min^{-1})		压力 /MPa	油温 /℃	备注
	正常起锚时	锚破土时			

3．舵机系泊试验

舵机是操纵船舶的重要设备。航行试验时，由于舵叶在转动时承受较大的水压力，特别在满舵位置时受力最大，舵机承受较大的负荷；而系泊试验时，由于舵叶受到的水压力不大，舵机承受的负荷小，不能全面考核舵装置，所以，系泊试验仅对舵机动作进行初步试验，舵机的效用试验只能在航行试验时得到考核，以保证安全航行。

（1）试验前应具备的条件。

1）舵机上的舵叶转角指示板已按照要求安装，舵叶 0°位与舵角指示板 0°及电动舵角指示器上所示的 0°一致，舵机机械限位已装好，电气限位开关及电气舵角指示器已装好。

2）电机及控制系统冷热态绝缘电阻大于 1 MΩ。

（2）试验内容。

1）舵机液压管路投油清洗；

2）液压舵机安全阀校验；

3）舵角指示及限位核对；

4）舵机报警装置试验；

5）舵机运转试验及转舵时间测定；

6）辅助操舵装置试验。

（3）试验要求。

1）舵机液压管路的投油清洗与舵机安全阀的调整要求参见前述内容。

2）舵角指示器校对。以舵机机械舵角指示器的示角为基准，校对电动舵角指示器，误差不大于±1°，但在舵处于0°位置时，各舵角指示器应无误差。舵角电气限位应在左35°±1°或右35°±1°时停止转动。机械限位角度一般应大于电气限位1°~1.5°，舵角最大不得超过37°。

3）舵机工作时，若发生舵机油箱低油位、电动机失电、过载、断相等故障，应能发出声光报警信号。

4）舵机运转试验及转舵时间的测定。转舵试验一般为0.5 h，运转时的启动电流、工作电流、转速及液压压力以及轴承温升等参数，应在系泊试验大纲或设备铭牌规定范围内，自一舷35°转至另一舷35°所需的时间不大于28 s。

5）辅助操舵试验。从一舷15°转至另一舷15°的时间应不超过60 s。主操舵与辅助装置的转换试验操纵应灵活。

（4）试验方法。

1）舵机液压管路投油清洗和安全阀调整的检验方法，可参照前述内容。

舵角指示器校对：以舵机上的机械舵角指示器的示角为基准，校对驾驶室、舵机房的电动指示器的正确性。检验时，自0°分别向两舷操舵，每转5°校对一次舵角指示器，根据舵机上机械舵角指示器的角度，检验驾驶室和舵机房的电动舵角指示器的角度指示值误差是否在规定范围内。校对时应来回各校核一次，并做好记录。

2）检查电气限位开关动作的正确性，操舵至规定限位舵角时，舵机应停止转动。检验时，左、右限位舵角应各试验1~2次。同时检验机械舵角限位器的安装位置。

3）舵机报警装置试验。

①低油位报警装置试验。将油箱内的油位放至低油位时应能发出声光报警。或者将浮子开关拆下（或短接触点），此时应发出声光报警信号。

②失电报警装置试验。其方法是断开配电板电源开关或控制箱内的电源开关，此时应发出声光报警信号。

③电动机过载报警装置试验。其方法是通过控制箱内的有关触点用模拟办法进行试验，应发出声光报警信号。

④电动机断相报警装置用模拟办法进行试验，应发出声光报警信号。

以上报警装置试验时，应对每一种声光报警装置反复试验2~3次，以确保报警的可靠性。

4）舵机运转试验。

①检验舵机操纵系统转换操舵的可靠性。按操舵装置的方框图，分别在舵机房、驾驶室启动和停止电动液压泵，观察舵机房、驾驶室操纵台、集控台上运转指示的正确性（应

平稳）。试验时，每舷电源、每套控制系统及每套电动机或电动液压泵组均应连续运转不少于 0.5 h，检验电气装置、液压泵及液压系统的工作情况，记录电动机及泵的参数。运转时，泵不应有异常响声和泄漏现象，轴承温升应在规定范围内。

②舵机转舵时间的测定。先做连续操舵试验，试验应自 0°→左（右）35°→ 0°→右（左）35°→ 0°交替进行，并不少于 10 个循环。测定自一舷 35°至另一舷 35°所需时间是否在规定范围内，并做好转舵时间原始记录。试验结束后，测量电动机及控制箱热态绝缘电阻是否符合要求。

5）辅助操舵试验。将驾驶室主操舵转换成辅助操舵，检查其转换的灵活性。用辅助操舵做转舵试验 15 min，其从一舷 15°转至另一舷 15°的时间应不超过规定值。

（5）试验记录。液压舵系安全阀起跳压力检验记录见表 5-2-12；舵机电气舵角限位及机械舵角限位检验记录见表 5-2-13；舵机操舵试验、转满舵时间测定以及舵机工作电流、液压压力、电机及控制箱热态绝缘电阻等测量记录见表 5-2-14、表 5-2-15。向船东、验船师提供的试验记录，以航行试验为准。

表 5-2-12 液压舵系安全阀试验记录表

安全阀代号	单位	起跳压力
	MPa	
	MPa	
	MPa	
	MPa	

表 5-2-13 舵角限位检验记录表

名称	单位	左舵	右舵
电气限位角度	(°)		
机械限位角度	(°)		

表 5-2-14 操舵装置操舵试验记录

船名_____ 舵机形式_____ 试验地点_____ 试验日期____年___月___日

水深____m 风力____级 海面状况____级

倒顺车	主要转速/(r·min^{-1}) 左右	船舶航速/节	操舵方式	操舵顺序	操舵角度/(°)	操舵时间/s	船舶最大横倾角/(°)	电动舵机参数测定值				液压舵机参数测定值				
								启动电流/A	最大工作电流/A	电压/V	转速/(r·min^{-1})	油压/MPa		工作电流/A	最大电流/A	电压/V	转速/(r·min^{-1})
												液压缸	安全阀				

续表

倒顺车	主要转速/(r·min^{-1}) 左右	船舶航速/节	操舵方式	操舵顺序	操舵角度/(°)	操舵时间/s	船舶最大横倾角/(°)	电动舵机参数测定值					液压舵机参数测定值					
								启动电流/A	最大工作电流/A	电压/V	转速/(r·min^{-1})	油压/MPa		工作电流/A	最大电流/A	电压/V	转速/(r·min^{-1})
												液压缸	安全阀				

表 5-2-15　舵机电动机试验记录表

船名_____　　　　试验日期_____ 年____ 月____ 日

1.驱动电动机　　　　　　2.驱动电动机

型号_____　　　　　　型号_____

额定电压_____V　　　额定电压_____V

额定功率_____kW　　　额定功率_____kW

额定电流_____A　　　额定电流_____A

额定转速_____r/min　　额定转速_____r/min

1.发电机　　　　　　　　2.驱动电动机

型号_____　　　　　　型号_____

额定电流_____A　　　额定电流_____A

额定转速_____r/min　　额定转速_____r/min

序号	转舵角度/(°)	驱动电动机				执行电动机				转舵时间/s	备注
		转速/(r·min^{-1})	电流/A	电压/V	火花/级	转速/(r·min^{-1})	电流/A	电压/V	火花/级		
1											
2											
3											
4											
5											
6											

1．绝缘电阻（MΩ）：

驱动电动机_____　　执行电动机_____

发电机_____　　控制系统_____

2．舵角限位开关动作角度：左舷_____度　　　右舷_____度

3．两舷电源转换_____　　　4．电源失压声光报警_____

5．应急电源操舵_____　　　6．舵机室罗经甲板操舵_____

7．自动操舵_____

4．空气压缩机及系统试验

（1）试验前应具备的条件。

1）空气压缩机试验前，应对其系统进行强度、密封性试验；

2）空气瓶及其系统上的安全阀应有船检证书和产品合格证书；

3）空气压缩机报警装置的报警点的压力、温度报警值，应在空气压缩机运转前预先调试好。

4）空气压缩机及其驱动电动机应有船检证书和产品合格证书。

5）空气系统使用的压力表应经认可的计量部门检定合格，并在有效的使用期内。

6）压缩空气系统（包括空气瓶）气密检验合格。

（2）试验内容。

1）安全阀及减压阀按系泊试验大纲的要求进行压力调整。

2）用空气压缩机向气瓶充气，测定充满所需的时间。

3）空气压缩机自动充气装置的效用试验。

4）空气压缩机各报警点的动作试验。

5）压缩空气系统密封性试验。

（3）试验要求。

1）安全阀应调整在不超过 1.1 倍工作压力，且不超过设计压力时起跳，空气瓶安全阀跳开后的关闭压力一般不低于 85% 的工作压力。减压阀按系泊试验大纲规定的压力进行调整。

2）气瓶充气试验。用主空气压缩机向主机空气瓶充气，气瓶压力从大气压力开始，充至最高工作压力的时间应不超过 1 h。充气时，电动机最大的工作电流应在额定范围内，电动机，及控制箱冷、热态绝缘电阻应大于 1 MΩ。

3）空气压缩机自动充气装置试验。系泊试验大纲规定，当主气瓶压力降至设计规定的最低压力时，空气压缩机开始工作；充至设计规定的最高压力时，空气压缩机应自动停车。

4）空气压缩机报警装置试验。按空气压缩机说明书或系泊试验大纲所规定的报警点及报警值进行试验。空气压缩机一般设有高压报警、冷却水高温报警、滑油低压报警等装置。

（4）试验方法。

1）空气压缩机系统的安全阀，一般包括空气瓶安全阀、管路安全阀、空压机安全阀三种。安全阀的开启压力均不应超过 1.1 倍工作压力，且不应超过设计压力。空气瓶安全阀跳开后的关闭压力，一般要求不低于 85% 的工作压力。在调试时，为了使空气瓶上安全阀在调试后尽可能地不被经常跳开，在调整安全阀时，要把空压机安全阀的开启压力调整到略低于空气瓶上安全阀的开启压力，所有安全阀调整认可后均应进行铅封（气瓶上安全阀由验船师铅封）。安全阀调试 2~3 次，应做好安全阀起跳与关闭压力记录。

2）空气压缩机充气试验。用所有主空气压缩机同时向主机空气瓶充气，充气由气瓶内压力为大气压力时开始，当充气至主气瓶最高工作压力时停止，充气时间应不超过1 h。在空气压缩机充气时，检验空压机运转的状态，应无敲击声和发热现象。记录空气压缩机各级空气压力、滑油及冷却水压力、温度、电动机启动电流、工作电流及充气时最大工作电流。试验结束后，测量电动机及控制箱绝缘电阻值。

3）空气压缩机自动充气试验。主机空气压缩机自动充气及停车装置试验的方法：将已充气至最高工作压力的主空气瓶内的空气缓慢地向外泄放，使气瓶内的压力下降，当空气瓶内压力达到工艺文件规定的下限值时，空气压缩机应能自动启动向主空气瓶充气；当气瓶压力充至工艺文件规定的上限值时，空气压缩机应能自动停机，试验2~3次。如试验结果符合要求，则可认为空气压缩机自动充气装置良好。

4）空气压缩机报警装置试验。空气压缩机一般设有高压、淡水高温、滑油低压报警装置，这些报警装置一般采用模拟试验，其试验方法与主机报警装置试验类似。

5）应急空气压缩机试验。设有应急空气压缩机（由手动启动），或其他有效的装置驱动的柴油机，应进行效用试验（包括电动机的启动及对空气瓶的初始充气试验）。

6）压缩空气系统气密试验在额定的工作压力下进行，时间不少于2小时，压力表示值无明显下降。

（5）试验记录。空气压缩机试验记录见表5-2-16；空气瓶及压缩空气系统气密试验报告见表5-2-17；空气压缩机及压缩空气系统试验报告见表5-2-18。

表5-2-16 空气压缩机试验记录表

机组	气瓶容积/L	充气时间/h	气瓶	Ⅰ级		Ⅱ级	滑油	冷却水	冷却水		电压	电流		空压机自动	
				左缸	右缸				进	出		启动	工作	启动	停止
				MPa					℃		V	A		MPa	

1. 滑油低压_____MPa 报警　　2. 绝缘电阻
冷却水高温_____℃ 报警　　冷态_____MΩ
Ⅰ级高压_____MPa 报警　　热态_____MΩ

表5-2-17 空气瓶及压缩空气系统气密试验报告

空气瓶	空气瓶容积/L	工作压力/MPa	空气瓶用途	试验时间			试验压力/MPa			备注
				开始	结束	连续时间/h	开始	结束	压降	

空气瓶及压缩空气系统名称	工作压力/MPa	试验时间			试验压力/MPa			备注
		开始	结束	连续时间/h	开始	结束	压降	

表 5-2-18　空气压缩机及压缩空气系统试验报告

船名_____　　　试验日期_____年____月____日

空气压缩机特性

压缩机型号_____　　　电动机型号_____

制造厂名_____　　　制造厂名_____

工厂编号_____　　　工厂编号_____

转速_____r/min　　　功率_____kW

排量_____m³/h　　　转速_____r/min

最高压力_____MPa　　　额定电流_____A

空气瓶数量及容积_____

气瓶编号	空气瓶安全阀调整压力 /MPa	主机启动空气瓶内压力从大气压到最高工作压力所需时间 /s
1		
2		
3		
4		
5		
空压机电动机	转速 /(r·min⁻¹)	电流 /A	电压 /V
No.1			
No.2			
No.3			

电动机绝缘电阻：

No.1 启动前_____MΩ　　工作后_____MΩ

No.2 启动前_____MΩ　　工作后_____MΩ

No.3 启动前_____MΩ　　工作后_____MΩ

● 【任务考核表】

评价模块	评价内容	评价等级	综合评价
自我评价（20%）	通过本次任务学习，我学到的知识点和技能点有_____ 不理解的有_____ 我认为在以下方面还需要深化学习，并提升岗位能力：_____		
组内互评（30%）	按时上课，工装齐备，书、笔齐全 安全操作，责任心强，6S 管理规范 学习积极主动，合理使用教学资源，主动帮助他人 接受工作分配，有效沟通，高效完成工作任务		
教师评价（50%）	评语：		

任务 5.3　柴油机航行试验

【学习任务单】

学习领域	船舶柴油机装配与调试	参考学时	
项目 5	柴油机性能试验	12	
任务 5.3	柴油机航行试验	4	
学习目标	1. 熟悉柴油机航行试验的试验流程； 2. 了解航行试验的要求及试验方法； 3. 理解并掌握航行试验中主要的性能参数的含义； 4. 了解柴油机常见特性曲线的测取方法； 5. 能够正确填写柴油机航行性能试验记录表。		

一、任务描述

船舶柴油机的航行试验，主要包括启动试验、最低稳定转速试验、柴油机磨合试验、柴油机运转试验以及耐久试验等项目。船舶航行试验时间紧、任务重、费用高，虽然各船级社对柴油机试验给出了相关技术要求，但具体试验方案却需要船厂针对不同船舶、设备的实际情况进行编制，制定一系列科学、合理、可行的试验方案，方案的好坏直接影响试验的效果和时间。

二、任务实施

1. 在教师指导下，组建小组，每组 10 人，并确定组长；

2. 按任务工单进行任务分解和资料学习，做好任务分工并进行记录；

3. 掌握航行试验要求、程序、注意事项、试验记录；

4. 根据要求填写试验计划；

5. 小组经过讨论确定任务结果，每小组由中心发言人进行成果展示，经过全体同学讨论，确定正确结果；

6. 检查总结。

三、相关资源

教材、教学课件、图片、柴油机航行试验说明书、网络与图书馆资源。

四、教学要求

1. 认真进行课前预习，充分利用教学资源；

2. 充分发挥团队合作精神，正确完成工作任务；

3. 团队之间相互学习，相互借鉴，提高学习效率。

【任务实施】

5.3.1　柴油机启动试验

船舶在进行航行试验时，仍需进行启动试验。在任务 5.1 中已经提到，柴油机的启动试验，要求两台主空气瓶在额定工作压力且中途不充气的情况下，可换向的主机能从冷态连续启动不少于 12 次，不可换向的主机能从冷态连续启动不少于 6 次，且试验时应正、倒车交替进行。在表 5-3-1 中记录每次启动后空气瓶的压力、最低启动压力及总启动次数。

表 5-3-1　柴油机启动试验记录

集控室启动		空气压力 /MPa	
序号	正车 / 倒车	启动前	启动后
1			
2			
3			
4			
5			
6			
7			
8			
9			
10			
11			
12			

5.3.2　柴油机最低稳定转速试验

启动柴油机在正车最低稳定工作转速下运转 15 min，在表 5-3-2 中记录数据。

表 5-3-2　柴油机最低稳定转速试验记录

吃水检查		
吃水		
试验结果		
序号	项目	结果
1	最低稳定转速	
2		

续表

吃水检查		
吃水		
试验结果		
序号	项目	结果
3		
4		
5		

5.3.3 柴油机磨合试验

1. 准备条件

试验前,螺旋桨需浸没在海水中,尾吃水达要求高度。

2. 试验目的

确保柴油机在各工况下正常运转。

3. 注意事项

(1)柴油机磨合试验按照要求的步骤和时间进行(在实际试验时,也可根据柴油机服务商推荐进行调整)。

(2)柴油机磨合期间,一般需要进行3次停车检查(在实际试验时,也可根据柴油机服务商推荐进行调整)。

(3)第三次停车检查后,转驾驶室控制,加载到柴油机"half"挡,做Z形、360°全回转(左、右各一次)和90°(左、右各一次)转向。

5.3.4 柴油机运转试验

1. 试验目的

验证柴油机在各工况下的运转情况。

2. 试验条件

(1)重压载吃水工况;

(2)为柴油机服务的设备工作正常;

(3)各缸爆发压力和排烟温度调整完毕,达到允许值;

(4)柴油机动车前柴油机轴功率测量装置校零;

(5)柴油机燃料油运行。

3. 试验步骤

(1)柴油机运转试验按表5-3-3所示工况进行。其中,功率和转速为不同工况下的实测值。

(2)在表5-3-4和表5-3-5中记录试验数据。

表 5-3-3　柴油机运转试验步骤

	工况	功率 /kW	转速 /(r·min^{-1})	试验时间 /h
1	50% LOAD			
2	74.6% LOAD（CSR）			
3	100% LOAD（CMCR）			
4	1.032 × 主机额定转速（n_0）			
5	倒车 ×n_0			

4．注意事项

（1）柴油机运转试验时，工况 2 和 3 以船厂轴功率仪所测功率为准，转速可能较大。

（2）试验时应连续进行，中间因故停车时间不能超过 15 min。

（3）试验过程中检查各部分的运转情况：工况 3 和工况 4，要求每小时测量并记录燃油、滑油、冷却水、排烟温度、压力等数据；其他工况在各挡试验结束前进行测量记录；检查轴系接地装置。

（4）检查中间轴承、尾轴承、首密封的工作情况。

（5）为柴油机服务的备用泵及海底阀互换使用，使用时间各占约 1/2。

（6）工况 3 和工况 4 过程记录电力负荷。

表 5-3-4　柴油机运转试验记录（一）

柴油机测量	船号		环境温度	
	柴油机编号		测量时间	
	柴油机型号		试验日期	
	船东		船级社	
	试验工况		柴油机转速	
系统		主滑油	活塞冷却油	燃油	冷却淡水
进口	压力 /MPa				
	温度 /℃				
气缸		平均	1	2	3	4	5	6
最大爆发压力	MPa							
压缩压力	MPa							
排气	℃							
缸套淡水出口	℃							
活塞冷却油出口	℃							
伺服油压力	bar							
燃油共轨压力	bar							
空冷器					扫气			

续表

No.		No.1	No.2	压力	MPa
压降	mmAq			温度	℃
淡水进	℃			推力衬套	℃
淡水出	℃				
增压器	转速	透平前	透平后	滑油进/MPa	滑油进/℃
	r/min	℃	℃	mmAq	
1号					
2号					
尾轴承温度		℃			
中间轴承温度		℃			

表 5-3-5　柴油机运转试验记录（二）

机舱温度/℃			海水温度/℃		大气压力/MPa	
泵				%CMCR	%CMCR	备注
柴油机燃油循环泵 No.1 No.2			吸口/MPa			
			进口/MPa			
柴油机燃油供给泵 No.1 No.2			吸口/MPa			
			进口/MPa			
主滑油泵 No.1 No.2			吸口/MPa			
			进口/MPa			
低温淡水冷却泵 No.1 No.2 No.3			吸口/MPa			
			进口/MPa			
柴油机缸套水预热泵			吸口/MPa			
			进口/MPa			
柴油机缸套淡水冷却泵 No.1 No.2			吸口/MPa			
			进口/MPa			
主海水环泵 No.1 No.2 No.3			吸口/MPa			
			进口/MPa			
柴油机缸套淡水冷却器	低温水		进口/℃			
			出口/℃			
	高温水		进口/℃			
			出口/℃			

续表

机舱温度 /℃			海水温度 /℃	大气压力 /MPa
中央淡水冷却器 No.1　No.2	海水	进口 /℃		
		出口 /℃		
	淡水	进口 /℃		
		出口 /℃		
主滑油冷却器	淡水	进口 /℃		
		出口 /℃		
	滑油	进口 /℃		
		出口 /℃		
柴油机燃油加热器 No.1　No.2	燃油	进口 /℃		
		出口 /℃		
尾管滑油冷却器	淡水	进口 /℃		
		出口 /℃		
	滑油	进口 /℃		
		出口 /℃		
燃油黏度		进口 /CST		
燃油日用舱		温度 /℃		
中间轴轴承		温度 /℃		
柴油发电机功率		kW		

5.3.5　柴油机耐久试验

1．试验目的

检验柴油机持续运转工作状态。

2．试验条件

（1）船舶在重压载状态，柴油机在 CSR 点持续运转 2 h。

（2）耐久试验期间，在柴油机 CSR 点用系统管路上的流量估测柴油机每小时耗油量。

3．测量程序

（1）测量燃油消耗率前，应准备好燃料油的化学分析报告，包括相对密度、黏度等参数。

（2）在测量时使用秒表记录柴油机燃油管路上的流量计读数，并记录柴油机燃油泄放量、柴油机燃油温度，同时持续地记录柴油机输出功率并算出测量期间柴油机功率的平均值。

（3）测量时间 60 min，每 10 min 记录一次数据。
（4）测得的燃油消耗量按实际燃油低热值及环境温度进行修正。
（5）测燃油消耗率期间，船舶直线前进。

4．注意事项

（1）记录油量时通过供油单元上的流量计进行记录；
（2）燃油进机温度通过供油单元流量计出口温度计读取。

5．数据记录

在表 5-3-6 中记录试验数据。

表 5-3-6　柴油机燃油消耗量测量记录表

序号	时间	流量		燃油温度	柴油机运转负荷	柴油机燃油泄放
		开始	结束			
1						
2						
3						
4						
5						
6						
平均值						

燃油消耗率：　　　g/（kW·h）

5.3.6　造水机的能力测量试验

1．试验目的

试验造水机使用柴油机缸套水进行造水的能力。

2．试验条件

（1）本试验要在柴油机运转试验期间，按工况 2 负荷进行；
（2）造水机经服务商调试完毕。

3．技术要求

（1）蒸馏水通过柴油机缸套冷却淡水获得；
（2）通过流量表和盐度计检查造水机蒸馏水的数量和质量；
（3）造水机所造淡水盐度和柴油机缸套水温度满足规定要求；
（4）如果需要，使用蒸馏喷射器在码头进行试验；
（5）蒸馏水通过蒸汽产生。

4．数据记录

在表 5-3-7 和表 5-3-8 中记录试验数据。

表 5-3-7　造水机造水量记录（一）

造水机检查次数	柴油机负荷：　　%				
	壳体		蒸馏淡水		
	真空度 /mmHg	温度 /℃	盐度 /ppm	压力 /MPa	流量 /L

表 5-3-8　造水机造水量记录（二）

喷射泵出口压力 / MPa	柴油机缸套淡水		冷却海水	
	进口 /℃	出口 /℃	进口 /℃	出口 /℃

计算容量：t/d

5.3.7　废气经济器试验

本次试验要在柴油机工况 3 负荷时进行。

在柴油机运转试验期间，如果条件允许，可同时进行燃油辅锅炉和废气锅炉的联合运转试验，以检查废气锅炉强制循环的运行情况。

1．废气锅炉试验

试验步骤如下：

（1）通过液位调节器保持水位稳定，试验过量蒸汽泄放阀。

（2）对废气锅炉自动调节及安装报警设备进行调整及效应试验。

（3）使用流量计测量废气锅炉蒸发量。

（4）安全试验（包括废气锅炉附件试验）。

（5）在表 5-3-9 和表 5-3-10 中记录试验数据。

2．辅锅炉蓄压试验

锅炉需要进行蓄压试验，在锅炉的出口阀的截止阀完全关闭和燃烧器满负荷时工作。

锅炉试验压力不允许超过最大工作压力的6%，试验时间需要超过7 min。在试验过程中，如果锅炉内保持在安全水位以上，锅炉不得补水。锅炉蓄压试验需要在柴油机100%负荷工况下进行。

注：大多数情况下，本试验包含在系泊试验程序中，若在系泊试验阶段已进行此试验，则航行试验中可以取消。

表 5-3-9　废气锅炉能力试验（一）

柴油机负荷 /（r·min^{-1}）		
检查次数	流量表	备注

表 5-3-10　废气锅炉能力试验（二）

排气温度 /℃	进气	
	出口	
供水温度 /℃		
排气压差 /MPa		

计算容量：t/h

5.3.8　柴油机控制试验

桥楼控制和紧急倒车试验：在驾驶台操纵手柄，确认以下的每步操作都达到正常状态。在试验过程中，所有测试均不能来自机舱的手动辅助操作，同时试验期间所有的系统均正常运行。时间、桥楼操纵手柄的位置和柴油机运转均应记录。

准备工作：操纵位置——桥楼；
　　　　　柴油机——停车状态。

试验按照以下步骤进行，该步骤中涉及速度、转速等描述指的是车钟位置及对应的转速与速度，在表 5-3-11 中记录好试验数据。

（1）从停车到微速正车，逐级达到2/3全速正车，每一级预设速度均需要达到稳定状态；

（2）当速度达到2/3全速正车状态时，将车钟手柄快速移到慢速倒车，逐级达到全速倒车；

（3）停车；

（4）停车约 5 min，正车启动；

（5）当航速达到约 2/3 全速正车时，快速移到半速倒车位置；

（6）当船速稳定后，快速移到全速正车位置；

（7）当航速达到约 2/3 全速正车速度时，快速移到微速正车位置；

（8）当船速接近稳定后，快速移到半速正车位置；

（9）当航速达到约半速正车速度时，在 1 s 内停车并返回到微速正车状态；

（10）柴油机在微速正车位置上运行 5 min，在驾驶室按下手动紧急停车按钮。

表 5-3-11　桥楼操纵和紧急倒车试验

时间	操纵手柄位置	柴油机转速	备注
	停车	0	
	正车微速		
	正车慢速		
	正车半速		
	正车全速—1		
	倒车慢速		
	倒车半速		
	倒车全速		
	停车	0	
	正车全速—1		
	倒车半速—3		
	正车全速—1		
	正车微速		
	正车全速—2		
	停车	0	
	正车微速		
	紧急停车		

表中，1 表示船速稳定在 2/3 全速，2 表示将船速稳定在 1/2 全速，3 表示船速为 0 时进行下一步操车。

5.3.9　柴油机安全试验

柴油机自动降速试验：在柴油机车钟全速状态下，可能会出现以下状况导致柴油机自动降速。除了单独用于自动降速的传感器外，本试验均通过模拟监视报警系统的传感器来进行。

（1）缸套水出口压力低；

（2）气缸冷却水出口温度高；

（3）主轴承温度低；

（4）主轴承温度高；

（5）曲柄箱油雾浓度高；

（6）活塞冷却油出口温度高；

（7）增压器滑油出口温度高；

（8）气缸扫气箱失火；

（9）气缸排气温度高；

（10）各缸排气温度偏差高；

（11）增压器后排气高温；

（12）增压器前排气高温；

（13）空气弹簧空气压力低；

（14）冷却器冷凝水液位高（空冷器）；

（15）空冷器后扫气温度高；

（16）首部推力轴承块温度高；

（17）增压器滑油进口压力低；

（18）尾侧气缸壁高温；

（19）首侧气缸壁高温。

需要注意的是：所有降速均有可取消性；在做报警试验时，所有降速项的传感器的设定点应得到确认；在航海试验中，抽查3~4个点，在表5-3-12中记录好试验数据。

当柴油机转速达到降速设定转速时，将转速提升到车钟全速，然后做下一项试验。在做最后一项试验时，在转速达到降速点时进行降速取消演示试验，按下降速取消按钮观察柴油机转速提升到预定转速。

表 5-3-12　柴油机降速试验

序号	项目内容	设定值	结果	备注
1	缸套水出口压力低			
2	气缸冷却水出口温度高			
3	主轴承温度低			
4	主轴承温度高			
5	曲柄箱油雾浓度高			
6	活塞冷却油出口温度高			
7	增压器滑油出口温度高			
8	气缸扫气箱失火			
9	气缸排气温度高			
10	各缸排气温度偏差高			
11	增压器后排气高温			
12	增压器前排气高温			
13	空气弹簧空气压力低			

续表

序号	项目内容	设定值	结果	备注
14	冷却器冷凝水液位高（空冷器）			
15	冷却器冷凝水液位高（空冷器前）			
16	空冷器后扫气温度高			
17	首部推力轴承块温度高			
18	增压器滑油进口压力低			

5.3.10　柴油机自动停车试验

1．停车原因

以下情况可能会导致柴油机自动停车：

（1）柴油机超速；

（2）主轴承滑油进口压力过低；

（3）缸套水冷却水进机压力低；

（4）增压器滑油进口压力低；

（5）空气弹簧压力低；

（6）首部推力轴承块温度高；

（7）活塞冷却油断流；

（8）控制系统图故障。

2．注意事项

（1）若驾驶室及集控室控制台上"M/E SHUT DOWN"报警指示灯亮，确认控制位置保持原来位置并报警。

（2）在恢复正常状态后，通过设置操纵手柄到停车位进行复位。

（3）所有停车传感器的设定应在系泊试验期间得到确认，在航海试验期间仅抽查一两项进行试验即可。

5.3.11　柴油机遥控试验

（1）控制室操纵柴油机，进行柴油机启动、换向、停车及速度控制试验；

（2）桥楼操纵柴油机，进行柴油机启动、换向、停车及速度控制试验。

5.3.12　柴油机控制位置转换试验

柴油机在正车或者倒车运转时，进行如下操纵位置转换试验：

（1）驾驶室→集控室（自动）；

（2）集控室（自动）→驾驶室；

(3)驾驶室→控制室（自动）；
(4)控制室（自动）→控制室（手动）；
(5)控制室（手动）→控制室（自动）；
(6)集控室（自动）→驾驶室；
(7)驾驶室→机旁（手动）；
(8)机旁（手动）→集控室（自动）；
(9)集控室（自动）→机旁（手动）；
(10)机旁（手动）→集控室（自动）；
(11)集控室（自动）→驾驶室；
(12)驾驶室→集控室（手动）；
(13)集控室（手动）→机旁（手动）；
(14)机旁（手动）→集控室（手动）。
确认转换指示灯指示是否正常。转换时，机电设备的状态不允许有变化。

5.3.13 机旁进机操车试验

按照桥楼车钟令，在机旁进行柴油机启动、停车、换向及速度控制试验。

● 【任务考核表】

评价模块	评价内容	评价等级	综合评价
自我评价（20%）	通过本次任务学习，我学到的知识点和技能点有_____		
	不理解的有_____		
	我认为在以下方面还需要深化学习，并提升岗位能力：_____		
组内互评（30%）	按时上课，工装齐备，书、笔齐全		
	安全操作，责任心强，6S管理规范		
	学习积极主动，合理使用教学资源，主动帮助他人		
	接受工作分配，有效沟通，高效完成工作任务		
教师评价（50%）	评语：		

参考文献

[1] 黄政.船舶柴油机装配与调试[M].哈尔滨：哈尔滨工程大学出版社，2010.

[2] 黄国权，刘树珍，等.机械工程生产实习指南[M].哈尔滨：哈尔滨工程大学出版社，2018.

[3] 周庆玲.柴油机制造工艺学[M].哈尔滨：哈尔滨工程大学出版社，2006.

[4] 陈可欣.最新船舶建造质量检验测试与监造全过程控制实务全书[M].银川：宁夏大地音像出版社，2005.

[5] 刘晓丽，戴武，吴璇璇.船舶柴油机使用与维护[M].北京：北京理工大学出版社，2021.

[6] 李斌.船舶柴油机[M].2版.大连：大连海事大学出版社，2014.

[7] 李冬梅.船舶动力装置安装[M].北京：北京理工大学出版社，2014.

[8] 段树林，邢辉，武占华.船舶动力装置测试技术[M].大连：大连海事大学出版社，2009.